CUINA PER A ESTUDIANTS

DAVID SURIOL PUIGVERT

CUINA PER A ESTUDIANTS

MEMÒRIA CULINÀRIA D'ESTELLA 10

CIE
DOSSAT 2000

CUINA PER A ESTUDIANTS
Memoria culinària d'Estella 10
Primera edició: desembre del 2003

Primera edició: desembre del 2003

Avda. de Pío XII, 57 - 28016 Madrid
comercial@ciedossat.com
www.ciedossat.com
Il·lustracions: César Oroz
Coberta: abarro

ISBN: 84-89656-77-0
Dipòsit Legal: B. 50.734-2003
Fotocomposició: Víctor Igual, S.L.
Carrer Còrsega, 237, baixos - 08036 Barcelona
Imprès a: Hurope, S.L.
Carrer Lima, 3 bis - 08030 Barcelona

Aquest llibre està dedicat especialment a la meva mare,
Maria Rosa Puigvert, dona, empresària i mare que,
després de viure cinquanta-set anys, se'n va anar al Cel,
després de deixar el món millor que no l'havia trobat.
També el dedico al meu pare, Jordi,
a la meva germana Noemí —ella va ser qui va tenir la feliç idea
d'empènyer-me a escriure'l—
i a l'Isaac, el petit de la família.
Per descomptat, no em vull descuidar la persona
que més m'ha insistit perquè acabés el manuscrit.
Gràcies, María.
Ni, per cert, els elegants, ben plantats i excel·lents companys
del pis d'Estella, 10: en Luis, en Fernando, en Bosco, en Juan i en Josean.
També vull manifestar el meu agraïment als col·laboradors
que d'una manera o una altra han fet possible l'existència
d'aquest llibre: María G., l'Ainhoa, la Beatriz, en Pere,
la meva tia Quimeta amb el seu llibre de cuina, l'Alejandra, la Juana,
la Rosa, els "Cigronets" i qualsevol altra persona, home o dona,
que hagi col·laborat amb el seu suport
a la feliç conclusió d'aquest manuscrit.
Gràcies també a tot l'equip editorial.

ÍNDEX

VERDURES I LLEGUMS

OUS I ALTRES

LA CARN

EL PEIX

SALSES I COMPLEMENTS

POSTRES

PRÒLEG

No cal ser gaire llest per comprendre que una de les necessitats primordials de l'ésser humà és distreure la gana. Des que l'home és home, ha invertit bona part de la seva vida en la supervivència. Quan era cavernícola, es dedicava a caçar, a menjar carn i a viatjar. Amb el sedentarisme van arribar les verdures, els llegums i les hortalisses. Així van anar passant els anys fins que es va descobrir el foc; amb aquest van aparèixer els fogons, les cassoles, la vitroceràmica, els restaurants, la cuina professional i la casolana.

Aquí és on em situo jo: en la professió de la cuina i en la dedicació a la cuina.

Un bon dia va arribar a les meves mans l'esbós d'aquest llibre meravellós i senzill: *Cuina per a estudiants*, un manual divertit per endinsar-se en l'agraït món de la cuina.

Els estudiants sou persones que dediqueu més d'una jornada laboral a fer treballar l'intel·lecte per millorar el món que teniu al voltant. Molts marxeu de casa per estudiar en una universitat. Fora de casa descobriu que per menjar cal cuinar, que per anar amb roba neta s'ha de rentar, que per convidar algú a dinar a casa s'han de tenir els plats nets... petites coses en les quals mai no havíem caigut, perquè a casa sempre ens les hem trobat fetes.

Un primer pas per convertir-se en un bon "mestre de casa" és entrar a la cuina.

Un bon pollastre, una bona paella, espaguetis, canelons, ous ferrats, un filet... tot, absolutament tot, és susceptible de ser cuinat en qualsevol fogó de qualsevol pis d'estudiants. El menjar, a més de ser un element de supervivència, és una activitat habitual, al voltant del qual ens movem tots. L'esmorzar és el primer àpat del dia; el dinar, si no s'ha picat res abans, és el segon; el berenar, si es té costum de fer-ne, és el tercer, i el sopar, l'últim. A cadascun d'aquests àpats dediquem un temps superior a deu minuts (i si no, ho hauríem de fer). Els plaers de la vida són molts, però un dels pocs de què podem gaudir cada dia és el menjar.

La cuina és una arma amb la qual podeu conquerir qui vulgueu i asserenar l'ànim dels més guerrers.

A Espanya, les famílies encara mantenen viu el costum de reunir-se al voltant de la taula els dissabtes o els diumenges al migdia. Aquestes reunions, que de vegades només se celebren un cop l'any, són suficients per mantenir els llaços familiars. Tant és que un sigui d'esquerres, de dretes, hippy o punky, és igual... davant del menjar les diferències desapareixen i l'única cosa que és important és comunicar-se amb els altres, parlar de qualsevol tema que sigui apte per polemitzar i discutir. Si no es fa així, el menjar no acostuma a caure bé. Després del dinar ve el cafè, una estona de tertúlia i l'apreciada migdiada. Llàstima que tot això s'estigui perdent per culpa del maleït menjar ràpid: hamburgueses en cinc minuts, pizzes a domicili, entrepans a totes hores...

Hi ha una època de la vida millor que la d'estudiant, quan ens dediquem al cultiu de la pròpia persona, intel·lectualment i humana? Els anys en què s'estudia són ideals per aprendre a cuinar i gaudir-ne. La cuina pot ser la millor arma per comunicar al teu pare un suspens, per lligar-te la més guapa de la classe o, simplement, per dir a un company de pis que la factura del telèfon puja a quatre-cents euros... Tant és la situació en la qual et trobis, dóna per fet que, si cuines amb amor i pensant en les persones que es menjaran el que estàs preparant, tot s'arreglarà. Els homes es conquesten per l'estómac, es diu. Doncs les dones es conquesten a base de sorpreses. Sigues molt creatiu amb els teus plats, no caiguis en la dinàmica "com que no tinc temps prepararé qualsevol cosa". Aprèn a innovar, afegeix ingredients nous als teus plats.

Cuina per a estudiants és un llibre bàsic, per als que no saben res de res. És un mètode perfecte per iniciar-se en aquest món meravellós de la cuina, en el qual el que compta és la imaginació, el bon gust, l'amor i la paciència. Quatre elements clau per preparar un bon guisat.

La imaginació és imprescindible per no menjar el mateix cada dia. Allunya't de la rutina i experimenta plats nous, fent variacions. Receptes noves, barreges noves, tendències noves... Barrejar coses salades amb dolces, amargues i àcides, la fruita amb la carn, la fruita amb el licor...

No et desesperis si no te'n surts. La cuina requereix temps i paciència. La primera vegada és difícil que tot et surti perfecte; la segona intentes no cometre els errors de la primera i, a partir de la tercera, els plats comencen a prendre forma. Si tens pressa i no et surt el que volies, vés a un restaurant i gaudeix de l'art d'un bon cuiner. Veuràs com d'aquí també en pots aprendre.

Si no saps cuinar, agafa aquest llibre per les banyes i llança't a l'aventura. No ho oblidaràs mai.

Bon profit.

Jesús López
President dels Joves Restauradors
d'Espanya i Europa

INTRODUCCIÓ

Aquest llibre és una guia de cuina per a "perduts" o iniciats en el món dels fogons, les paelles i altres estris. Sempre hi ha una primera vegada: ningú no neix ensenyat. Aquestes pàgines pretenen iniciar-vos en l'art més bell que es practica cada dia: l'art de cuinar i menjar.

Amb *Cuina per a estudiants* no acabareu sabent-ho tot a propòsit del meravellós món de les cassoles. Només recull cent receptes bàsiques. Segurament ja en sabeu fer moltes; me n'alegro. Si és el cas, el llibre us servirà com a guia per preparar el menú setmanal, o de base per assolir un perfeccionament més gran.

Els plats que es proposen aquí són fàcils de fer. Us explico, amb tota mena de detalls, totes les experiències culinàries —bones i dolentes— que he tingut durant els meus set anys llargs d'estudiant.

Cadascun dels plats, l'he après a base de cometre errors... i d'obtenir-ne satisfaccions. Al darrere de cada recepta hi ha una persona que me la va ensenyar: la meva mare, un amic, el llibre de cuina de la meva tia, la María, el Luis, el José Antonio, el Juan, el Fernando...

En total són cent receptes que us iniciaran en aquest món apassionant: el del bullir, fregir, posar al forn, congelar...

******

Recordo amb alegria el meu primer any en un pis d'estudiants. Hi vivíem en Fernando, l'Edi, el Víctor i jo. Havíem contractat un senyora perquè ens fes totes les feines de casa, com feien els habitants de quasi tots els pisos d'estudiants de Pamplona. Amb tot, el segon any vam canviar de pis i vam aprofitar el trasllat per començar un període d'"autarquia culinària". Una típica decisió irreflexiva que es pren en plens exàmens de febrer...

Pel nostre cau van desfilar el Luis —el primer a llicenciar-se i emancipar-se—, en Fernando, en Bosco, en Josean, en Juan i un servidor. Tots els que van passar pel pis del carrer Estella, número 10, han aportat alguna cosa a aquest llibre.

Cap de nosaltres no érem cuiners experts. Però treballàvem en equip i us asseguro que menjàvem millor que en un restaurant. El Luis aportava les seves sopes; en Fernando, els seus espaguetis; en José Antonio, tota la seva varietat i jo, els llibres de cuina de les meves ties i la meva imaginació. En Bosco, l'esmentaré en darrer lloc, perquè veieu que aquest llibre no fa miracles. La seva aportació global va ser una truita de patates mig cremada i una amanida dolenta.

Estella 10 apareix al·ludit al llarg del llibre com "el pis d'estudiants". Els seus habitants són els qui han aconseguit que aquestes cent receptes surtin a la llum. Quasi totes tenen la seva història. Quasi totes tenen el seu protagonista. Quasi totes són d'Estella 10. Les poques que no ho són han estat tretes d'altres pisos d'estudiants que també han passat penalitats semblants.

******

Moltes capitals espanyoles tenen una universitat pròpia, que sol acollir a les seves aules milers d'estudiants. Quants d'ells viuen fora de casa seva? Quants mengen el que ells mateixos es preparen? Quants n'hi ha que sàpiguen cuinar cinc plats diferents?

Quants tenen una senyora que els cuina, els renta la roba i els neteja la casa?

Si tu ets un dels que viuen fora de casa, cuines cada dia perquè no tens cap senyora que t'ho faci —em sembla sensacional— i no saps preparar més de cinc plats, et trobes en la mateixa situació que jo i cent mil més quan vam començar a estudiar.

Amb una mica d'esforç, imaginació i temps, et sorprendràs de com avances en la cuina. Cada dia pots aprendre una cosa nova. I, si el plat l'has cuinat tu mateix, serà difícil que l'oblidis.

També és veritat que la cuina requereix vocació. He tingut la sort de néixer en una família de cuiners. La meva mare va ser l'única cuinera d'Espanya especialista en macrobiòtica. També era experta en cuina espanyola i regional. Però sobretot era una dona amb imaginació.

Sempre m'ha agradat molt embrutar fogons i paelles; netejar-los, mai. És una cosa que porto dins. Reconec que la falta de temps i les presses són els pitjors aliats del cuiner.

Animeu-vos a fer el gran pas. La cuina no és difícil. Tampoc no ho és escriure sobre cuina. El que costa és creure en el que estàs fent i fer-ho amb amor. Un plat cuinat amb amor entra pels ulls, perquè està ben presentat. Entra per l'olfacte, gràcies a totes les espècies i condiments que un iniciat pot arribar a posar. Finalment, pot arribar a entrar per la boca... però, bé, el més important és l'amor que s'hi posa en cuinar-lo.

Agraeixo l'afecte que els editors han posat en aquest llibre. Si cuinessin com editen, no hi hauria temps per apartar la vista del plat.

******

Tocar un instrument és un art. Escriure poesia, també. El pintor de paisatges, de natures mortes, el retratista... també són artistes. Tots portem a dins una mica del pintor, el músic o el poeta. La cuina pot ser un art. Potser el que proporciona més felicitat.

Una truita de patates, un pollastre a les fines herbes, un pastís de llimona coronat amb gerds... Això sí que és art. I, a més, és molt bo.

David Suriol Puigvert

Sopes i Brous

Gaspatxo

FITXA TÈCNICA

- Tomàquet natural
- Pebrot verd
- Ceba
- All
- Sal
- Vinagre de vi
- Oli
- Pa de motlle
- Aigua

COM ES PREPARA...

En una cassola gran, barreja els següents ingredients, bo i procurant tallar-los a trossos ben petits: un quilo de tomàquets més aviat madurs, dos pebrots verds mitjans, una ceba mitjana, un gra d'all, dues culleradetes de sal, vinagre de vi (que ocupi tres quartes parts d'un got d'aigua), mig got d'oli d'oliva, vuit llesques de pa de motlle i aigua al gust, segons l'espessor que es vulgui.

Passa-ho tot per la batedora. Un cop ho tinguis tot ben triturat, si vols que quedi més líquid passa-ho pel colador xinès. El colador xinès és metàl·lic i acabat amb punta. Si no tens aquesta mena d'estri, fes servir el clàssic colador de malla metàl·lica (no és cap mitjó).

FRESQUET I ANDALÚS...

Al sud se les empesquen totes per sobreviure a la calor de la millor manera possible. Si en Llorenç va llançat i no tens cap idea més feliç que tirar coll avall un potatge de cigrons i unes costelles amb patates, segurament no et podran moure de la cadira.

Casualment, els dies de molta calor coincideixen amb els pitjors exàmens de l'any, els del juny. Per refrescar el cos i la ment no hi ha res millor que un dinar lleuger i fresc i, sobretot, natural.

Un mètode obvi per refrescar el gaspatxo és ficar-lo al congelador o bé afegir-hi uns glaçons. Això sí, vés amb compte amb el gust dels glaçons. Si porten molt de temps al congelador poden tenir un regust amarg que corre el risc de canviar l'ànima del plat.

Sopa de botifarró del Luis

FITXA TÈCNICA

- Restes de tota mena
- Botifarró
- Sal i espècies

COM ES PREPARA I DE QUÈ VA...

Aquest és un plat molt adequat per al final de mes, quan no tens ni cinc i sí moltes sobralles.

De fet, l'origen d'aquesta recepta es remunta als temps de Mentuhotep IV, la dotzena dinastia de l'Alt Imperi Egipci, època de grans sequeres i grans guerres. Aleshores, la manca de blat imposava el consum d'una mica de carn...

En fi, comencem a preparar aquest gran plat, que tantes lloances dels meus companys de pis i companyia m'ha fet guanyar.

Posa en una olla un litre d'aigua o una mica més. La quantitat d'aigua no modifica l'essència del plat: si veus que la sopa et queda molt espessa, sempre hi pots afegir una mica més de líquid. La quantitat d'aigua depèn sobretot de les restes que tingueu a la nevera i als armaris. Quan l'aigua bulli, obre la nevera i selecciona'n tots aquells productes susceptibles de no ser llençats a les escombraries per la seva pudor i fica'ls a l'olla. El que faci pudor, dóna-ho al gos o llença-ho. Agafa mig botifarró negre, esmicola'l i posa'l a bullir.

Espera deu minuts i podràs comprovar com tot allò que aparentment

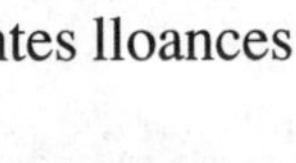

anava destinat a la galleda de les escombraries cobra un aspecte de restaurant de tres forquilles.

Que no t'ho creus?

Prova-ho: tot el que hi pots perdre és el botifarró.

NOTA DE L'AUTOR...

No estic gens d'acord amb el que diu en Luis sobre la seva sopa de botifarró. De fet, no la recomano a ningú.

Pel que fa a les restes del mes, l'únic que es pot dir és que si hi ha alguna cosa que porta més de trenta dies al rebost vol dir que la cuina està morta.

Una sopa força pràctica és la "sopa de pobre".

La sopa de pobre consisteix a agafar el pa dur que ha sobrat i posar-lo en una cassola amb aigua abundant. Es posa a bullir amb uns branquillons de farigola o espècies, sal i oli d'oliva. També s'hi pot afegir un ou per persona, cinc minuts abans d'apagar el foc. Com veus, perquè aquesta sopa surti bona també és qüestió d'imaginació, com tot en la cuina i en la vida.

Sopa de ceba

FITXA TÈCNICA

- Tres cebes
- Formatge emmental ratllat
- Pa torrat (el pots torrar tu)
- Dues pastilles de brou de carn
- Mantega

COM ES PREPARA...

Necessites una cassola amb un litre i mig d'aigua i dues pastilles de brou de carn. Posa-ho a bullir. A part, fregeix en una paella tres cebes, tallades a trossos molt petits, amb mantega.

Fes el sofregit a foc lent, fins que la ceba estigui daurada.

Quan el sofregit estigui, afegeix-lo a la cassola.

Deixa-ho bullir durant trenta minuts.

Prepara cassoletes de fang individuals per servir la sopa. Quan ja l'hagis servit (encara no hem acabat...), afegeix un ou a cada recipient, i uns trossets de pa torrat. I, a damunt, una mica de formatge emmental ratllat. Posa els plats a gratinar, vigilant que no es cremi el pa i que, en canvi, l'ou quedi fet.

BEN BARAT...

Aquest és un d'aquells plats amb els quals et pots lluir. És molt econòmic però té molt bona presència.

Recordo que un dia vam convidar un professor a dinar, just abans del seu examen, i li vam oferir de primer sopa de ceba i de segon un peix. La sopa el va sorprendre, i el resultat de l'examen ens va sorprendre a nosaltres...

Brou de pollastre

FITXA TÈCNICA

- Dos trossos de gallina
- Un gra d'all
- Una branca d'api
- Una ceba
- Un porro
- Una pastanaga
- Aigua, oli i sal

COM ES PREPARA...

En una cassola, posa un litre i mig d'aigua al foc. Quan bulli, afegeix-hi una cullerada de sal i un raig d'oli. A continuació, l'all, l'api, la ceba, el porro i la pastanaga.

Deixa-ho bullir fins que vegis que les verdures han deixat anar el seu suc —una mitja hora. Treu-ne tota la verdura, menys la pastanaga, i posa-hi els dos trossos de gallina. Deixa-ho bullir durant mitja hora més, com a mínim. Tingues en compte que com més temps bulli la gallina més gust de carn tindrà el brou.

Si vols, pots posar-hi una mica de pasta fina, especial per a brous.

DIES DE FRED I RESSACA...

El brou de pollastre és fenomenal per a tota mena d'estudiants. Per a aquell que no pot evitar sortir de marxa fins a la matinada, i que es lleva el diumenge a la tarda amb una ressaca espantosa. Un brou de pollastre li anirà de meravella.

O també per al més sanot, que se'n va d'excursió ben d'hora i a qui li agrada prendre un bon brou quan és dalt d'una muntanya o al mig del mar.

Lògicament el brou s'ha de preparar amb antelació. Es pot guardar a la nevera uns dies. Si te'n vas a la muntanya el pots conservar calent en un termos. Si has sortit de marxa, tot el que has de fer és posar a escalfar en un cassola la quantitat que et vols prendre.

Sopa d'arròs

FITXA TÈCNICA

- Arròs
- Mitja ceba
- Sal
- Oli
- Aigua

COM ES PREPARA...

En una cassola, posa-hi deu tasses d'aigua, una pastilla de brou de pollastre, la mitja ceba pelada, una cullerada de sal i un rajolí d'oli. Quan bulli, posa-hi dues tasses plenes d'arròs. Deixa-ho bullir a foc entre mitjà i fort fins que l'arròs estigui cuit.

Les mesures que hem donat són aproximades. Potser a tu la sopa t'agrada més espessa o més clara: experimenta amb les mesures.

"Aquesta és la mà del sant, la que haurà de regular els mínims i els màxims" (són paraules de Sutsu).

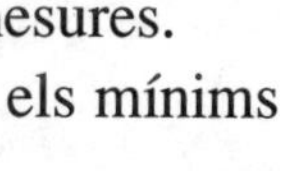

ELS DIUMENGES AL VESPRE...

A Estella 10 les sopes d'arròs eren molt habituals els diumenges al vespre.

Cap allà a les deu ningú no sabia què sopar, o bé estava esperant una pizza. Com cada diumenge, el programa de Matías Prats era el protagonista de la vetllada. Després d'un cap de setmana a la muntanya, el que venia de gust era una bona sopeta d'arròs, que es prepara en vint minuts. La veritat és que l'únic aficionat a aquests beuratges era jo, i no entenc per què: les sopes eren molt bones.

Pasta i arròs

Arròs blanc

FITXA TÈCNICA

- Arròs
- Sal
- Aigua
- Oli d'oliva
- Una cassola

COM ES PREPARA...

En primer lloc has de saber quantes persones sereu i la gana que teniu. La mesura estàndard és una tassa de cafè plena d'arròs per persona.

Posa a escalfar en una cassola el doble d'aigua que d'arròs. Si hi posaràs dues tasses d'arròs, has de fer bullir quatre tasses d'aigua.

Un cop l'aigua bulli, afegeix-hi un raig d'oli i una culleradeta rasa de sal. A continuació, l'arròs.

Deixa que bulli sense remenar-lo ni tapar la cassola.

Quan vegis que el nivell de l'aigua i el nivell de l'arròs coincideixen, abaixa el foc al mínim i tapa la cassola. Deixa que s'acabi de coure amb el seu propi vapor i, quan vegis que l'arròs ja no té aigua, aleshores apaga el foc i deixa'l reposar cinc minuts amb la cassola tapada.

ÉS LA BASE...

Si tens solucionat el problema de com preparar un plat d'arròs tindràs solucionada una cosa molt important en la teva vida. Amb aquest plat podràs sobreviure durant molt de temps si pateixes escassetat d'altres productes. L'arròs blanc, encara que sigui refinat, va molt bé per netejar de greixos l'organisme. Recordo que, de petit, pels volts dels anys... a casa meva s'estilava una dieta importada de l'Orient. Consistia a menjar arròs durant deu dies. L'arròs només es podia acompanyar de verdures i prou. Era dura –jo mai no la vaig seguir– però efectiva. A més d'eliminar un munt de greixos tot l'organisme quedava net.

S'hi ha d'afegir una dada. La dieta es feia amb arròs integral. La diferència entre l'integral i el blanc rau en el fet que el primer conserva totes les capes més vitamíniques, mentre que el segon és un producte refinat gairebé sense valor alimentari. Com el menjaven els nostres avantpassats? I com eren de forts?

Arròs a la cubana

FITXA TÈCNICA

- Arròs
- Oli d'oliva
- Tomàquet fregit
- Ous

COM ES PREPARA...

Prepara un arròs blanc (consulta la recepta de la pàgina 15) per al nombre de persones que et convingui. Quan tinguis l'arròs ja reposant, cinc minuts abans de destapar-lo, escalfa el tomàquet en una paella. A continuació fes un o dos ous ferrats per persona.

El plat és senzill de preparar. El tomàquet per sobre de l'arròs i els ous a un costat.

Que cadascú el mengi com vulgui... Jo m'ho barrejo de mala manera, però queda boníssim.

LA PRESENTACIÓ...

El menjar entra per la boca i també pels ulls. Fer bones presentacions és molt senzill i també molt creatiu. Quant a l'arròs a la cubana, un plat molt senzill, de només tres ingredients, la presentació pot ser ben fàcil i ben resolta. Posa l'arròs ja cuit en una tassa i, com si es tractés de fer un castell de sorra a la platja, tomba la tassa i fes un castell amb l'arròs. Després corona'l amb la salsa de tomàquet i rodeja'l amb els ous ferrats.

Pasta: espaguetis, macarrons i tallarines

FITXA TÈCNICA

- Pasta (250 gr per a dues o tres persones)
- Aigua
- Sal i oli

COM ES PREPARA...

En una olla ben fonda posa-hi aigua, una cullerada de sal i un rajolí d'oli. Posa l'olla al foc, ben fort fins que bulli.

Quan l'aigua bulli hi tires la pasta: espaguetis, macarrons, tallarines, el que sigui.

El temps de cocció sol variar segons la pasta, la marca i el gust de cadascú. Al paquet sol dir el temps de cocció recomanat, però el temps de cocció estàndard és d'uns deu minuts.

Quan la pasta ja estigui feta, aboca el contingut de l'olla (l'aigua i la pasta) en un colador. Quan la pasta ja no degoti, posa-hi una cullerada de mantega i espera fins que es fongui. Després barreja la pasta amb la salsa que hagis preparat.

JA ESTÀ FETA?

Hi ha un truc una mica barroer per saber si la pasta ja està feta. Sol practicar-se amb espaguetis. Consisteix a agafar un espagueti i llançar-lo contra la paret. Si l'espagueti s'hi enganxa vol dir que ja està fet.

Un altre truc més senzill és provar la pasta. Si està dura vol dir que encara ha de bullir dos o tres minuts més.

Espaguetis de pobre (all i oli)

FITXA TÈCNICA

- Espaguetis
- Mantega
- Oli
- Tres grans d'all
- Orenga
- Bitxo vermell

COM ES PREPARA...

Un cop hagis bullit els espaguetis i hi hagis posat la mantega (consulta la recepta de la pàgina 19), posa en una cassola petita els tres grans d'all tallats ben fins amb un bon raig d'oli. Tingues en compte que la

quantitat d'oli que hi posis serà la quantitat de salsa que et quedi. Deixa que els alls i els bitxos vermells es vagin daurant a foc molt lent perquè l'oli vagi agafant gustet. A més bitxo, més picant serà el plat. Quan els alls estiguin daurats, apaga el foc i aboca la salsa als espaguetis ja escorreguts. Remena la pasta fins que s'impregni ben bé de l'oli i l'all.

Corona el plat de pasta amb una mica d'orenga.

DE POBRE...

I tan pobre! Aquest plat és per quan se t'han acabat els recursos, per quan només et queden uns espaguetis oblidats al fons de l'armari, el cul del setrill de l'oli i tres grans d'all a punt de sucumbir al costat d'una patata florida.

És un plat exquisit i que es ven a cinc euros als restaurants italians...

Espaguetis amb cansalada fumada i nata

FITXA TÈCNICA

- Espaguetis
- Mantega
- Formatge emmental
- Cansalada fumada
- 250 gr de nata líquida
- Oli d'oliva

COM ES PREPARA...

Prepara els espaguetis i posa'ls la mantega (consulta la recepta de la pàgina 19).

Posa un raig d'oli en una paella i fregeix-hi durant tres segons les tires de cansalada tallades a trossets. Calcula tres tires per persona.

Un cop torrada la cansalada fumada, aboca l'oli a la pica. A la paella t'ha de quedar la cansalada, a la qual has d'afegir tota la nata líquida. Posa-ho a escalfar a foc mitjà.

Quan la nata i la cansalada estiguin calents, aboca'ls damunt dels espaguetis, en una plàtera profunda. Després afegeix-hi formatge emmental ratllat ben abundant i barreja-ho bé.

Si vols donar al plat un toc de bona presentació, posa-hi una mica d'orenga, que és molt aromàtica.

BONÍSSIM...

Quants plats d'espaguetis amb nata i cansalada he menjat al pis d'estudiants!... Moltíssims. A poc a poc li aniràs trobant el punt i ja veuràs com cada vegada et surt millor.

Solia passar que quan un aprenia a cuinar aquest plat, el primer que feia era delectar la família tan bon punt tornava a casa. Després que la mare, sorpresa, et felicités; després que els germans se'n fotessin de tu i després de veure la indiferència del pare, t'animaves a embrancar-te en la inesgotable aventura de l'art culinari.

Els espaguetis amb totes les seves variacions són els primers passets en la cuina. Després ja vénen els pastissos, les salses, el peix...

Lasanya de carn

FITXA TÈCNICA

- Pasta de lasanya (12 làmines per a tres persones)
- 1 kg de carn picada barrejada (de porc i vedella)
- Tomàquet fregit
- Paté
- Una ceba
- Sal
- Sal d'all
- Pebre blanc
- Llet
- Mantega
- Farina

COM ES PREPARA...

Barreja la carn picada amb el tros de paté (una rodanxa d'un dit de gruix). Remena fins que els dos ingredients es confonguin i afegeix-hi sal, sal d'all i pebre blanc (les quantitats dels condiments, al teu gust).

Posa una ceba picada a enrossir a foc lent, en un raig d'oli. Quan la ceba comenci a daurar-se, posa-hi la carn, a foc mitjà. Quan la carn estigui en un punt intermedi de cocció, és a dir, quan encara no estigui feta però tampoc estigui del tot crua, afegeix-hi la salsa de tomàquet, només per xopar tota la carn (no ha de quedar negada en salsa de tomàquet). Deixa-la fent-se a foc lent mentre prepares la salsa beixamel (consulta la recepta de la pàgina 183) i la pasta de lasanya (consulta les instruccions de la capsa).

Empastifa de mantega la safata que faràs servir. Posa-hi com a base tres làmines de lasanya. Amb una cullera, posa una primera base de carn a cada una de les làmines, després una mica de salsa de tomàquet i un pessic de formatge emmental ratllat. Tapa-ho amb una altra capa de pasta i repeteix la mateixa operació fins a tenir sis pisos. Cobreix l'últim pis amb pasta de lasanya.

Quan tinguis els tres blocs preparats, cobreix-ho tot amb la beixamel i el formatge ratllat. Posa-ho al forn a gratinar fins que vegis que el formatge ha adquirit un to ros.

UN PLAT MOLT ESPECIAL...

La pasta de lasanya es ven en capses. Les que jo recomano són aquelles en les instruccions de les quals es diu que cal bullir la pasta durant uns minuts abans de ficar-la al forn.

Aquesta recepta me la va ensenyar la meva mare. Per descomptat, ella hi posava més ingredients i li sortia molt més bona. Jo vaig traduir la recepta a l'idioma dels estudiants i vaig sorprendre més d'una amb aquest plat tan especial, tan bo i amb tanta presència.

Canelons

FITXA TÈCNICA

- Pasta de canelons
- Carn picada barrejada (porc i vedella)
- Salsa de tomàquet
- Paté
- Una ceba
- Sal
- Sal d'all
- Pebre blanc
- Llet
- Mantega
- Farina
- Oli d'oliva

COM ES PREPARA...

Barreja la carn picada amb el tall de paté (una rodanxa d'un dit de gruix). Remena fins que els dos ingredients es confonguin i afegeix-hi sal, sal d'all i pebre blanc (les quantitats dels condiments, al teu gust).

Posa una ceba picada a rossejar a foc lent, en un raig d'oli. Quan la ceba comenci a daurar-se, posa-hi la carn, a foc mitjà. Quan la carn estigui en un punt intermedi de cocció, és a dir, quan encara no estigui feta però tampoc estigui del tot crua, afegeix-hi el tomàquet fregit, només per xopar tota la carn (no ha de quedar negada en salsa de tomàquet). Deixa-la fent-se a foc lent mentre prepares la salsa beixamel (consulta la recepta de la pàgina 183) i la pasta de canelons (consulta les instruccions de la capsa).

La feina més complicada és enrotllar els canelons. A cada làmina de pasta posa-hi una mica de carn picada; després, com si cargolessis un cigarret, tanca els canelons i posa'ls ben ordenats en una safata empastifada de mantega.

Cobreix-los amb beixamel i formatge ratllat. Posa'ls al forn a gratinar fins que vegis que tenen un to rossejat. Bon profit!

APROFITA L'AVINENTESA I CONGELA'N

Ja que fas canelons, aprofita l'ocasió i congela'n uns quants, sense gratinar-los ni posar-los beixamel. El truc és posar els canelons en motlles d'usar i llençar, on en caben entre sis i vuit, tapar-los amb paper de plata i guardar-los al congelador durant el temps que vulguis. Després, tot el que hauràs de fer serà descongelar-los, posar-los beixamel i formatge i gratinar-los.

De tant en tant, un cop la setmana aproximadament, la nevera pateix una crisi. L'obres, la repasses amb els ulls i comproves que gairebé no hi ha res per distreure la gana. Però... al congelador sempre hi queda alguna cosa. Bé, doncs en ocasions com aquestes pots gaudir d'uns deliciosos canelons.

Pizza

FITXA TÈCNICA

- Base de pizza
- Tomàquet fregit
- Mantega
- Formatge emmental ratllat
- Ou
- Orenga

COM ES PREPARA...

Sobre una base de pizza comprada al supermercat, posa-hi una capa de mantega, una capa de salsa de tomàquet, formatge emmental ratllat, una mica més de tomàquet i formatge i un ou sense batre. Un toc d'orenga donarà aroma al plat. També hi pots posar una mica de cansalada fumada o de pernil... Bé, i continua llegint el que diu sobre la imaginació.

IMAGINACIÓ...

La pizza sol ser el plat preferit de la majoria d'estudiants, però quan es demana per telèfon.

Fer-la a casa és qüestió d'imaginació. Formatge abundant, salsitxes, carn picada, tonyina, xampinyons, anxoves, olives, pernil, cansalada fumada, pebrot, ceba... hi ha un munt d'ingredients que pots anar provant en diferents combinacions.

En Juan, un dels habitants d'Estella 10 durant el meu últim any de la carrera va arribar a ser "client d'or" d'una pizzeria a domicili. Hi trucava cada setmana per encarregar una pizza; al final li enviaven descomptes especials per correu.

Si per cada pizza que demanava, a uns deu euros cadascuna, se n'hagués preparat una a casa –que li hauria costat no gaire més de dos euros cadascuna– hauria estalviat prou per fumar el doble del que fumava sense haver de queixar-se de la crisi. Al final, tot és culpa del govern.

Espaguetis amb carn i tomàquet

FITXA TÈCNICA

- Espaguetis (250 gr per a 3 persones)
- Carn picada
- Tomàquet fregit
- Mantega
- Formatge emmental ratllat
- Orenga
- Mitja pastilla de brou de carn
- Sal d'all
- Oli d'oliva
- Sal i pebre

COM ES PREPARA...

Prepara els espaguetis i posa'ls mantega, segons la recepta de la pàgina 19.

Fregeix en una paella la carn picada, adobada amb sal d'all, sal i pebre blanc, i mitja pastilla de carn feta pols. Quan la carn estigui quasi feta, afegeix-hi prou tomàquet fregit perquè la carn quedi xopada, però no ofegada.

Posa els espaguetis en una plàtera i la salsa al damunt. Per acabar, posa-hi formatge ratllat en abundància i orenga.

L'ESPECIALISTA...

S'ha de reconèixer els mèrits dels altres, de la mateixa manera que se'n critiquen els errors. Reconec públicament que en Fernando, un dels pioners d'Estella 10, va aconseguir, al cap de tres anys de pràctiques culinàries, ser un especialista en aquest plat d'espaguetis. És cert que quan ell cuinava es podia endevinar què hi hauria per dinar...

No us deixeu acoquinar per uns espaguetis. Agafeu aquest llibre per les banyes i poseu-vos a cuinar per a tots els del pis...

Macarrons gratinats

FITXA TÈCNICA

- Macarrons (250 gr per a tres persones)
- Carn picada
- Tomàquet fregit
- Mantega
- Formatge emmental ratllat
- Orenga
- Mitja pastilla de carn
- Sal d'all
- Oli d'oliva
- Sal i pebre

COM ES PREPARA...

Prepara els macarrons i posa'ls mantega, com s'explica a la recepta de la pàgina 19.

Fregeix en una paella la carn picada adobada amb sal d'all, sal, pebre blanc i mitja pastilla de carn feta pols. Quan la carn estigui quasi feta, afegeix-hi prou tomàquet fregit perquè la carn quedi xopa, però no negada.

Posa els macarrons en una plàtera i la salsa per damunt. Barreja-ho bé.

Per coronar el plat, posa-hi formatge ratllat ben abundant i orenga. Després posa la plàtera al forn per gratinar els macarrons. Quan el formatge s'ha fos i comença a enrossir-se, el plat és a punt per ser servit.

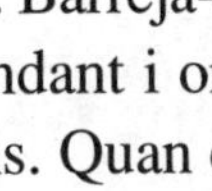

SI LEONARDO DA VINCI FOS VIU...

A Itàlia la pasta no té gust de tomàquet: té gust de pasta amb el que sigui. Fora del país veí, i especialment en restaurants de baixa categoria, la pasta consisteix en un plat amb tomàquet i amb uns pocs macarrons. És una exageració, però... La pasta és un camp alimentari molt variat: macarrons, espaguetis, fusilis... A més, ni t'imagines la quantitat de coses que es poden afegir a uns macarrons gratinats. No és per ajudar la competència, però si t'interessa molt el món de la pasta, et recomano que et compris un llibre amb receptes solament a base d'aquest tipus d'aliment. Et sorprendrà la varietat que hi ha...

T'aconsello que quan facis neteja dels armaris, no per net i polit sinó perquè et mors de gana, preparis uns macarrons gratinats amb tot el que arrepleguis. Això sí, sense fer coses absurdes...

Arròs amb pollastre i curri

FITXA TÈCNICA

- Arròs (una tassa de cafè plena d'arròs per persona)
- Pollastre a trossos
- Curri
- Sal
- Aigua
- Oli d'oliva

COM ES PREPARA...

Tira en una cassola un raig d'oli i posa'l a escalfar. Tira-hi el pollastre i fregeix-lo una mica. Afegeix-hi l'arròs i barreja'l amb el pollastre. Adoba-ho tot amb sal i curri.

Tingues en compte que el curri té un gust molt fort; vés-hi amb compte com si fos pebre.

Quan tot hagi quedat ben barrejat, afegeix el doble d'aigua de la quantitat d'arròs que hagis de fer. És a dir, dues tasses d'aigua per una d'arròs.

Deixa-ho bullir a foc entre mitjà i fort. Quan el nivell d'aigua i el d'arròs gairebé coincideixin i vegis que fa xup-xup, abaixa el foc al mínim i tapa la cassola. Espera cinc minuts i comprova que l'arròs ja no tingui gens d'aigua. Si és així, apaga el foc, no destapis la cassola i deixa reposar l'arròs durant cinc minuts perquè el mateix vapor acabi de coure'l.

Si t'ha quedat fat, rectifica'l de sal.

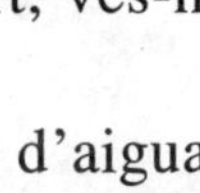

INDI DE L'ÍNDIA...

Aquest és un plat típic de l'Índia. L'arròs és el conreu més abundant i, a més, és un aliment que restreny. El pollastre és una de les poques carns que els indis poden menjar.

Traslladant aquest costum a un pis d'estudiants, el podem traduir a euros. Un pollastre costa uns 3,5 euros, i mig quilo d'arròs 0,60 cèntims d'euro. Si sou tres, dinareu per 1,36 euros. Barat, no?

Potser és l'altra cara de la moneda quan convides un professor. Si intentes impressionar-lo amb llagostins, probablement t'hauràs d'alimentar amb arròs i pollastre durant uns dies.

Paella de la Juana

FITXA TÈCNICA

- Dos talls de pollastre, conill o porc
- Dos musclos per persona
- Un llagostí per persona
- Una gamba per persona
- Un calamars i una sípia petits
- Mitja ceba
- Tomàquet natural triturat
- All i julivert
- Pebrot verd
- Mongetes tendres
- Safrà
- Pebre vermell
- Sal, pebre negre, aigua i una paella adequada
- Oli d'oliva

COM ES PREPARA...

D'una banda, sofregeix la carn salpebrada. D'altra banda fes un sofregit (sofregir vol dir fregir amb una mica d'oli) amb la ceba –en necessitaràs molt poca.

Mentre es fan els sofregits a foc lent, pica les verdures (el pebrot i unes poques mongetes) i també el calamars i la sípia a trossos petits.

Barreja a la paella la ceba, la carn, les verdures, el calamars, la sípia, l'arròs (una tasseta de cafè per persona), tres o quatre cullerades de tomàquet natural triturat, una bona dosi de safrà i pebre vermell dolç. Remena-ho tot amb una cullera, si pot ser de fusta. Per fer-ho no cal que tinguis el foc encès, tot i que és preferible. Vés amb compte que no se't cremin els ingredients.

Tingues preparada una picadeta d'all i julivert.

Quan tot estigui ben barrejat, afegeix-hi aigua fins que tot quedi submergit. És el moment de tastar quin gust té i, si cal, afegir-hi una mica més de sal. Quan ja estigui rectificada, afegeix-hi la picadeta i després els musclos, les gambes i els llagostins. Col·loca'ls amb gràcia.

Deixa que l'arròs vagi bullint per tota la superfície de la paella. Quan quedi poca aigua i amb el forn ben encès, enforna la paella i deixa-la a dins fins que s'hagi evaporat tota l'aigua.

Tindràs la paella a punt per menjar.

Pot passar que tinguis un forn minúscul i que els veïns t'hagin deixat una paella immensa. La solució és fer la paella al foc, sempre procurant que el foc arribi a tots els racons, per a la qual cosa hauràs d'anar girant la paella de tant en tant. Quan l'aigua se n'hagi evaporat, si veus que l'arròs t'ha quedat una mica dur, cobreix la paella amb un drap net. Si no en tens cap, tapa-la amb una samarreta neta.

La Juana és la gran persona i excel·lent cuinera que em va ensenyar a fer la paella.

EXPERIÈNCIA

Si veus que el primer cop no et surt com esperaves, no et preocupis. Jo he après a cuinar bones paelles després de dos fracassos rotunds i sis intents amb els quals he anat millorant a poc a poc. Això sí, ara te'n llepes els dits...

Arròs sucós

FITXA TÈCNICA

- Ceba
- Tomàquet natural triturat
- Oli d'oliva
- Un calamar
- Cuetes de gamba
- Lluç trossejat
- Potes de marisc
- Pebre vermell i safrà
- Ricard o Pernete (licor)
- Arròs
- Sal
- Musclos

COM ES PREPARA...

Fes un sofregit de ceba. Quan estigui fet, afegeix-hi tres cullerades de salsa de tomàquet.

Posa un rajolí d'oli, el calamar, les cues de gamba i les potes de marisc en una olla grossa. Després afegeix-hi el sofregit. Immediatament, rega-ho amb el Pernete o Ricard; si no en tens, no t'amoïnis. Empolsina-ho amb pebre vermell no picant i un pessic de safrà.

Quan ja ho tinguis tot ben barrejat, tira-hi aigua abundant. Aquí no hi ha proporcions que valguin. Posa-hi prou aigua perquè tot quedi molt submergit. Quan l'aigua es posi a bullir, tira-hi l'arròs (una tassa de cafè per persona), el peix i els musclos. És el moment de provar el punt de sal. Procura que quedi gustosa, no pas salada.

NO T'ESPANTIS...

Potser un nombre tan elevat d'ingredients t'arronsa a l'hora de preparar un plat tan senzill. Doncs és un plat molt fàcil.

És la recepta ideal per als dies de festa de l'hivern. Quan fa fred, ve de gust donar escalforeta al cos i menjar bé. Després, una bona migdiada amb el so monòton d'una pel·lícula dramàtica, un cafetó, una conversa... és a dir, una tarda perduda però guapa.

Per cert, les cuetes de gamba es poden comprar a granel, congelades i pelades. Amb 50 gr en tindràs prou i de sobres.

Verdures i Llegums

Mongeta tendra amb patates

FITXA TÈCNICA

- Mongetes tendres
- Patates
- Oli d'oliva
- Sal
- Aigua i una cassola

COM ES PREPARA...

Pela les patates i talla-les a trossos. Després treu les puntes de les mongetes i, si són gaire grosses, parteix-les per la meitat. Un cop tinguis la verdura a punt, posa-la en un escorredor i neteja-la sota un bon raig d'aigua.

Tingues preparada una cassola amb dos dits d'aigua, una cullerada rasa de sal i un rajolí d'oli i posa-la a escalfar. Un cop bulli l'aigua, tira-hi la verdura i tapa la cassola. És important que el foc tingui una intensitat mitjana i que no destapis gaire sovint la cassola. A la verdura li convé anar-se fent amb el seu propi vapor.

Per comprovar si la verdura està feta, punxa les patates amb una forquilla; si estan toves és que el plat ja es pot servir.

Les mongetes amb patates se serveixen amb oli d'oliva i un saler, perquè cadascú se les amaneixi al seu gust.

MENTRESTANT...

Mentre la verdura s'està fent, pots anar preparant el segon plat. Un bistec, un pit de pollastre, una mica de peix...

Per conservar la verdura calenta, deixa-la dins la cassola, tapada.

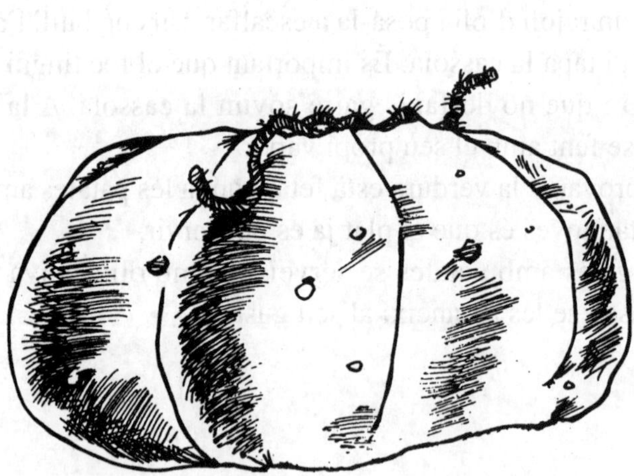

Coliflor amb patates

FITXA TÈCNICA

- Una coliflor
- Patates
- Oli d'oliva
- Sal
- Aigua i una olla

COM ES PREPARA...

Pela i talla les patates a trossos. La coliflor es talla a trossos a partir del centre. El cor de la coliflor es llença.

Renta la verdura, posada en un escorredor, posant-la sota el raig de l'aixeta.

Tingues preparada una olla amb dos dits d'aigua, una cullerada rasa de sal i un raig d'oli. Amb l'olla tapada, posa la verdura al foc, ni massa viu ni massa fluix. Al cap de vint minuts, comprova que la verdura ja estigui feta punxant-la amb una forquilla. Si no et costa clavar-hi la forquilla, és que la verdura ja és a punt.

Se serveix amb oli d'oliva i un saler a part.

TOTES...

Totes les verdures al vapor es preparen de la mateixa manera. En altres receptes t'explico altres maneres de preparar la coliflor. En totes les receptes, però, l'hauràs de bullir d'aquesta manera.

Coliflor amb beixamel

FITXA TÈCNICA

- Una coliflor
- Sal
- Oli
- Aigua i una cassola
- Llet
- Farina
- Formatge emmental ratllat

COM ES PREPARA...

Posa la coliflor a coure al vapor i, mentrestant, prepara la beixamel (consulta la recepta a la pàgina 183).

Posa la coliflor ja cuinada al vapor en una safata de vidre o a la mateixa safata del forn. Aboca la beixamel acabada de fer per sobre de la coliflor de manera que quedi ben repartida. Empolsina la coliflor amb el formatge ratllat i posa la safata a gratinar.

Un cop gratinat, ja tens el plat a punt per servir.

COM...?

Per gratinar qualsevol plat, l'únic foc que has d'encendre és el de la part superior del forn. Tingues en compte que el procés de gratinat és molt ràpid i a la mínima que et descuidis se't pot socarrimar el deliciós plat que tenies intenció de servir.

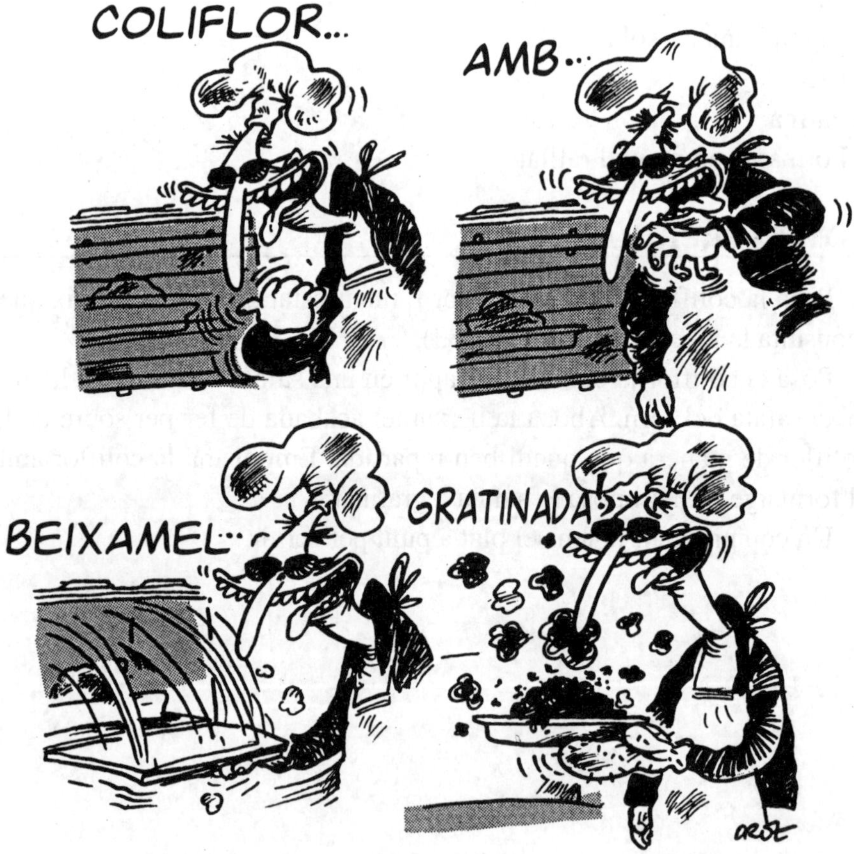

Coliflor amb salsa de carn

FITXA TÈCNICA

- Una coliflor
- Oli d'oliva
- Sal
- Aigua i una cassola
- 250 gr de carn picada
- Una ceba
- Sal d'all
- Quatre tomàquets vermells
- Mig pebrot vermell

COM ES PREPARA...

Trosseja la verdura i fes-la al vapor. Durant els vint minuts que la coliflor tarda a coure's, pots anar preparant la salsa de carn.

Adoba la carn picada amb sal i sal d'all.

Talla la ceba a trossos molt petits i els tomàquets a rodanxes tan fines com puguis. El pebrot es talla a tires.

Posa una mica de mantega en una paella o una cassola i, quan s'hagi fos, posa-hi la ceba. Convé fer aquest sofregit al fogó més gran, amb el foc a mitja potència. Quan la ceba comenci a estar daurada, afegeix-hi el tomàquet i el pebrot. El sofregit tarda a fer-se uns cinc minuts a foc lent; a continuació, incorpora-hi la carn i deixa que tot plegat faci la xup-xup.

Quan tinguis la coliflor a punt, posa-la en una safata i rega-la amb la salsa que tens a part, ja preparada.

NO SOL AGRADAR...

Conec poca gent a qui agradi la coliflor, i no ho entenc, perquè és molt bona. Aquesta manera de cuinar-la dissimula aquest mal gust que se li atribueix i que jo no noto. La carn, el tomàquet, el pebrot i la ceba li donen un toc màgic de sabor.

Quan cuinis amb coliflor, tanca totes les portes i aïlla't a la cuina: deixa anar una pudor que déu n'hi do...

Patates de l'Ainhoa

FITXA TÈCNICA

- Patates
- Ceba
- Nata líquida
- Formatge emmental ratllat

COM ES PREPARA...

Mira de triar, si pots, patates grosses. Pela-les d'una en una i després talla-les a rodanxes. El gruix de les rodanxes ha de ser el d'un dit índex, més o menys.

A continuació pela les cebes i pica-les ben fines. Tan fines com puguis.

Empastifa de mantega una safata per anar al forn i encén el forn a 180 graus. Vés fent pisos alternats: un de patata, un de ceba, un de patata, etc., bo i procurant que l'últim pis sigui de patates.

Deixa-ho coure al forn a 180 graus i durant trenta minuts. De tota manera, per saber si ja estan fetes, punxa les patates amb una forquilla. Si se't clava bé i la patata és tova, vol dir que ja estan fetes.

Afegeix per damunt de les patates la nata líquida i el formatge ratllat fos. Primer posa-hi la nata i, quan tot hagi quedat cobert (més o menys) afegeix-hi el formatge ratllat.

Posa la safata a gratinar fins que vegis a través de la finestra de vidre del forn que la part superior s'ha rossejat.

AL FORN...

Quan facis servir el forn és fonamental que t'acostumis a no obrir-lo i tancar-lo cada cinc minuts.

En un pis d'estudiants sol passar que tots els que hi viuen van supervisant el ritme de cocció del menjar. Però si la porta del forn es va obrint constantment, cada vegada se n'escapa molta escalfor i, per tant, el plat triga més a fer-se.

És recomanable que el cuiner s'armi amb una escumadora i un drap de cuina. Si troba algú que vol ficar el nas on no el demanen, se'l pot treure del damunt amb un bon cop. Recordo que a la meva escola les cuineres ens atonyinaven amb el que tenien a mà en aquell moment: la tapa d'una cassola, un drap, una cullera de fusta... pel sol fet d'intentar robar-los algunes postres.

Patates amb col, col de cabdell o col geganta

FITXA TÈCNICA

- Una col
- Cinc patates grosses
- Sal
- Oli d'oliva
- Tres grans d'all

COM ES PREPARA...

Pela les patates i talla-les a rodanxes grosses. Renta la col i separa'n totes les fulles.

Posa la col i els trossos de patata en una cassola amb dos dits d'aigua, un raig d'oli (quatre segons deixant rajar un setrill) i una culleradeta de sal. Fes que bulli amb la tapa posada i a foc mitjà durant vint minuts.

Per comprovar si ja està feta, punxa la patata amb una forquilla; si està tova és que el plat ja és a punt i preparat per anar a taula.

Un cop al plat, la col amb patates guanya molt en gust amb sal i oli d'oliva.

UN PRODUCTE DEL NORD...

La col geganta és una hortalissa molt habitual al nord d'Espanya (on en diuen *berza*). És verda i té forma de col.

El plat de la recepta és senzill i molt bo. És un primer plat perfecte per precedir qualsevol carn o peix.

El que ens va introduir en la cuina del nord, que sol ser força elaborada, va ser en Josean. La col geganta fou una innovació d'Estella 10, incorporada el darrer any de la meva carrera. Quina llàstima no haver-la descobert abans!

Cigrons

FITXA TÈCNICA

- Cigrons (mig quilo serveix per a 4 o 5 persones)
- Aigua
- Sal
- Oli d'oliva

COM ES PREPARA...

Si un dimarts has decidit que l'endemà, dimecres, vols menjar cigrons, el que has de fer just abans d'anar a dormir és posar-los en remull en una cassola amb aigua freda.

Posa'ls a bullir un parell d'hores abans de dinar o sopar, amb una cullerada de sal i un raig d'oli.

Deixa'ls bullir durant una hora i mitja o dues hores. Estaran fets quan les puntes dels cigrons estiguin obertes. També pots saber-ho aplicant el teu criteri: prova'n un i decideix si ja és cuit.

CIGRONS AMB...

Visca la imaginació!

En algunes de les receptes següents t'ensenyaré unes quantes maneres de menjar cigrons, però arrisca't i pensa què pot anar bé amb els cigrons.

En Fernando, un dels pioners d'Estella 10, es definia com un home poc arriscat. Un dia el vaig animar perquè s'atrevís a seguir els passos del llibre de cuina de la meva tia. Per una vegada em va fer cas. Va preparar una amanida de cigrons boníssima. El bandarra dos anys després encara em recorda que bé que cuina... Això sí, no se li han de restar mèrits: en tres anys de tràfecs em va demostrar els seus progressos en cuina italiana. Va acabar essent un expert en els espaguetis amb carn i tomàquet, que ell anomenava "la meva recepta secreta".

Per cert, mastega bé els cigrons...

Bledes amb patates

FITXA TÈCNICA

- Bledes
- Patates
- Oli i sal

COM ES PREPARA...

Pela les patates i talla-les a rodanxes grosses. Renta les bledes i posa-les amb les patates.

Posa la bleda i els trossos de patata en una cassola amb dos dits d'aigua, un raig d'oli (quatre segons deixant rajar un setrill) i una culleradeta de sal. Fes que bulli amb la tapa posada i a foc mitjà durant vint minuts.

Per comprovar si ja està feta, punxa la patata amb una forquilla; si està tova és que el plat ja és a punt i preparat per anar a taula.

Un cop al plat, les bledes amb patates potencien molt el seu gust amb oli d'oliva i sal.

Per millorar tant la presentació com el gust pots afegir uns pinyons torrats a damunt de les bledes.

ES REDUEIXEN COM...

Les bledes, durant la cocció, disminueixen de volum com la carn alimentada amb clembuterol. Cal posar-ne força quantitat, si després no vols endur-te una sorpresa i haver de tornar-ne a coure unes fulles més.

Graellada de verdures

FITXA TÈCNICA

- Espàrrecs verds
- Carxofes
- Patates
- Rovellons
- Ceballots
- Pebrot vermell
- Pebrot verd
- All picat
- Oli d'oliva
- Sal

COM ES PREPARA...

Col·loca a la safata del forn les carxofes partides per la meitat, els pebrots en rodanxes fines i la resta de la verdura. Adoba-les i amaneix-les amb oli. Posa all en abundància a damunt de les carxofes i els rovellons.

Assegura't que totes les verdures quedin amanides.

Les patates s'han de posar sense pelar i obertes per la meitat. Això sí, tingues la precaució de rentar-les abans de ficar-les al forn.

Encén el forn "a tot gas" a dalt i a baix. Quan vegis que les verdures ja estan quasi fetes deixa només el foc de dalt perquè es gratinin.

Les patates són les que triguen més a fer-se.

FOC...

Fóra ideal poder fer les verdures a la brasa, però per a això cal una llar de foc. Si tens una bona terrassa, no és mala idea fer-hi una barbacoa.

Si t'hi atreveixes, et recomano que tinguis el cotxe a punt. És molt probable que els veïns comencin a donar la llauna per veure què estàs fent. És possible també que truquin a la policia –no sé si està permès encendre una barbacoa a la terrassa de casa.

Deia això del cotxe pensant en la fugida...

Patates al forn

FITXA TÈCNICA

- Patates grosses
- Mantega
- Formatge de cabra
- Paper de plata

COM ES PREPARA...

Renta les patates sota el raig de l'aixeta amb aigua freda. Després embolica-les amb paper de plata i fica-les al forn durant 45-60 minuts a una temperatura de 220 graus.

En aquesta estona les patates ja s'hauran cuit per dins. Desembolica-les i serveix-les tal com estan.

Es mengen partint-les per la meitat i untant-les amb mantega o formatge de cabra.

També es poden menjar soles o amb oli i sal.

Poden ser un plat únic o un acompanyament per a carn o peix.

En definitiva, te les pots menjar com més et vinguin de gust.

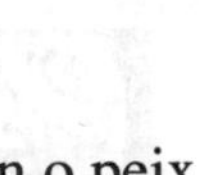

HI HAVIA UNA VEGADA, A AMÈRICA...

Una vegada vaig treballar a Amèrica en el rodatge d'una pel·lícula. Portàvem onze dies en un iot rodant la típica pel·lícula absurda, de trama molt simple... El millor de tot durant aquell parell de setmanes va ser la cuinera, que ens recarregava les bateries cada vegada que li ho demanàvem. Preparava unes patates boníssimes que he intentat emular a Espanya, sense aconseguir-ho. Eren patates al forn, que després fregia en una planxa amb diverses herbes i espècies.

Intentant imitar aquella menja senzilla i magnífica m'han sortit coses semblants, però mai com a la Caroline, la cuinera. Intenta-ho a la teva manera. Cou-les, deixa-les refredar, talla-les a rodanxes fines i passa-les per la paella amb un munt d'espècies diferents... sempre a foc lent perquè no se't cremi tot sense que la patata s'arribi a fer.

Amanida de cigrons

FITXA TÈCNICA

- Cigrons
- Ous
- Pit de pollastre
- Tomàquets madurs
- Oli d'oliva
- Sal

COM ES PREPARA...

Amb els cigrons ja bullits i preparats (consulta la recepta de la pàgina 55), fes uns ous durs (trobaràs com fer-los a la pàgina 87) i fregeix un pit de pollastre (per a la qual cosa pots consultar la pàgina 117).

Pica un tomàquet –tallat a trossets molt menuts–, els ous durs i també el pit de pollastre ja fet. Barreja-ho tot en una enciamera i amaneix-ho amb oli d'oliva i sal.

AGRADA A TOTHOM

Els cigrons no agraden a tothom, però la barreja d'aquest llegum amb ou, tomàquet i pollastre resulta irresistible. Això sí, si l'amanida t'agrada molt i no la mastegues bé per poder tirar coll avall una gran quantitat de cigrons, et recomano que t'aïllis durant les tres hores posteriors a l'àpat. No ho dic per tu, sinó per la salut dels que t'envolten. No vagis a classe ni et quedis al menjador. Simplement vés-te'n a fer un volt o al cinema: la foscor és còmplice...

Amanida verda

FITXA TÈCNICA

- Enciam
- Tomàquet
- Ceba
- Olives
- Espàrrecs
- Ou dur
- Tonyina
- Oli d'oliva
- Vinagre o llimona
- Sal

COM ES PREPARA...

Fes un ou dur per persona. Renta l'enciam sota un raig abundant d'aigua; assegura't que no té cargols, ni terra, ni cucs negres...

Els extrems de l'enciam, si no estan en perfectes condicions, es llencen. Aprofita'n les fulles des del cor fins a l'extrem de cada fulla que estigui en bon estat.

Quan tinguis tot l'enciam tallat a trossets, posa'l en una enciamera ben grossa: així et serà més fàcil amanir-lo. Posa-hi també la ceba tallada a rodanxes.

Talla els tomàquets a quarts i afegeix-los a l'amanida, juntament amb les olives i la tonyina.

Un cop tinguis tots aquests ingredients a l'enciamera, posa-hi oli d'oliva i sal. Remena-ho fins que tot quedi xop d'oli. Després, posa-hi un rajolí de vinagre i torna a barrejar l'amanida. Prova'n una fulla: si la trobes bona, aleshores afegeix-hi, per decorar, els espàrrecs i els ous durs en dues meitats.

UNA AMANIDA DOLENTA...?

En Bosco va aconseguir una cosa molt difícil a la cuina. Va aconseguir fer una amanida dolenta.

Et pots passar amb el vinagre o amb la sal, però fer una amanida dolenta de gust no és cosa fàcil.

Allò important és saber aprofitar les parts bones de cada fulla i llençar les parts no comestibles. Bé, doncs en Bosco va llençar les parts bones i va posar les fulles més lletges a l'amanida, que va amanir amb una salsa fastigosa.

En una amanida, hi pots posar el que et doni la gana. Només cal tenir imaginació. En comptes de tonyina hi pots posar pernil, o formatge, o poma, o cues de gambes...

Caesar salad class

FITXA TÈCNICA

- Dos grans d'all
- Tres filets d'anxova
- Un ou
- Mitja llimona
- Un quart de tassa d'oli d'oliva verge
- Una cullerada de vinagre
- Formatge parmesà
- Enciam
- Pa torrat a dauets

COM ES PREPARA...

Pica els grans d'all en una enciamera gran. Després posa-hi els filets d'anxova i segueix picant fins que et quedi una pasta lligada. Per fer-ho millor i més de pressa pots fer anar un morter de fusta o, si no, una cullera de fusta. Si no en tens cap, demana'n una als veïns.

Després afegeix a la pasta l'ou dur i el suc de mitja llimona. Barreja-ho tot. Després afegeix-hi l'oli i el vinagre.

Quan tots els ingredients estiguin barrejats en una sola massa homogènia, afegeix-hi formatge parmesà i l'enciam. Remena tota l'amanida i, al final, posa-hi uns trossets de pa torrat.

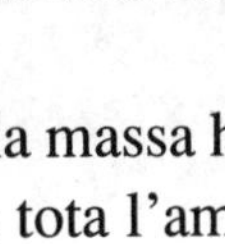

EL CÉSAR ERA MEXICÀ...

L'origen d'aquesta amanida s'ha de buscar a Tijuana, pels volts del 1920. Se'n deia "amanida de l'aviador" en honor dels pilots d'aviació de la base propera. La popularitat d'en César, un dels pilots, va arribar a ser tan gran, que van posar el seu nom a una de les amanides més famoses dels Estats Units.

La veritable Caesar's salad la van trobar uns amics meus a les glaçades profunditats d'Anchorage (Alaska).

Entre Mèxic i Alaska hi ha uns quants quilòmetres i uns quants graus centígrads, però l'amanida és tan bona que la distància no importa.

Mongetes seques

FITXA TÈCNICA

- Mongetes seques (mig quilo és per a 4 o 5 persones)
- Aigua
- Sal
- Oli

COM ES PREPARA...

Si un dimecres has decidit que l'endemà, dijous, vols menjar mongetes seques, el que has de fer just abans d'anar a dormir és posar-les en remull en una cassola amb aigua freda.

Posa-les a bullir un parell d'hores abans de dinar o sopar, amb una cullerada de sal i un raig d'oli de sis segons.

Deixa-les bullir durant una hora i mitja o dues hores, anant amb compte que no es quedin sense aigua. Estaran fetes quan les tastis i comprovis que ja estan tovetes.

UN PRODUCTE "GASÓS"...

Mastega-les bé i sigues discret.

Mongetes seques fregides

FITXA TÈCNICA

- Mongetes seques
- Alls
- Sal
- Oli d'oliva

COM ES PREPARA...

Un cop tinguis la mongeta cuita (la pots coure segons la recepta de la pàgina 69 o bé les pots comprar fetes), posa-la a fregir amb quatre o cinc grans d'all i oli d'oliva.

Vés remenant les mongetes i afegint-hi sal i oli, però sense passar-se. Fregeix-les a foc mitjà.

Quan vegis que comencen a enrossir-se i estiguin bé d'oli i sal, ja les pots retirar del foc.

UNA TRADICIÓ CATALANA...

La mongeta seca amb botifarra és un plat típic de Catalunya. La botifarra és una mena d'embotit que es fa a la brasa o a la paella, i que és ideal per acompanyar les mongetes. Un cop se'm va acudir demanar botifarra en una carnisseria de Pamplona. Com que no sabien el que era, em van insinuar que em tragués la barretina i que comprés xistorra.

Per cert, si penses fer servir mongetes de pot, abans renta-les sota l'aixeta. Les mongetes de pot es conserven en un líquid que val més eliminar.

Tomàquets farcits

FITXA TÈCNICA

- Tomàquets grossos i poc madurs
- Un pit de pollastre
- Blat de moro
- Ous durs
- Formatge emmental ratllat
- Sal i pebre
- Oli d'oliva

COM ES PREPARA...

Saps les llimones o les taronges gelades que donen per postres als restaurants? Bé, doncs talla els tomàquets de la mateixa manera, és a dir, una mica més amunt de la meitat. Després buida'ls amb l'ajuda d'una cullera i un ganivet. Posa el que en treguis en un bol.

Fes uns ous durs (un per cada dues persones) i fregeix un o dos pits de pollastre (depèn de la quantitat de tomàquets i de les seves dimensions).

Al bol on tens el tomàquet, posa-hi blat de moro, el pollastre tallat molt petit i l'ou dur, també picat molt fi. Adoba-ho tot amb sal i pebre (sense passar-te) i una mica d'oli d'oliva.

Farceix els tomàquets amb la barreja i corona'ls amb formatge emmental ratllat.

Posa els tomàquets a gratinar fins que quedin una mica daurats.

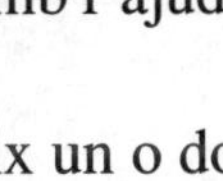

ALTRA VEGADA LA MALEÏDA IMAGINACIÓ...

Els farcits poden ser del que et passi pel cap. Això de la imaginació a la cuina dóna molt bons resultats, tot i que en alguns casos l'excés d'imaginació produeix uns resultats nefastos.

En el cas del Luis, un dels d'Estella 10, amb les seves sopes de no se sap què. Es dedicava a cuinar amb "imaginació" i amb restes... No ho recomano...

Pèsols amb cansalada fumada

FITXA TÈCNICA

- Pèsols congelats
- Ceba tendra
- Cansalada fumada
- Oli
- Sal

COM ES PREPARA...

Per a aquest plat, fes servir una cassola de base ampla. Posa-hi un raig d'oli suficient per fregir la ceba i la cansalada fumada.

Abans que l'oli no s'escalfi massa, posa-hi la ceba picada. N'hi ha prou amb dues cebes tendres. Després posa-hi el bacó tallat a trossets petits i, un minut després, els pèsols (entre mig i un quilo, aproximadament). Assegura't que els pèsols que compris ja estiguin cuits. Si no ho estan, posa'ls a bullir en aigua durant set minuts.

Al cap de deu minuts ja estaran.

Et recomano que siguis generós amb la cansalada perquè els pèsols agafin gust. També adquireixen gust amb un bon oli d'oliva i sal.

SOLS O PER ACOMPANYAR...

Els pèsols són bons sols o en companyia. Si te'ls vols menjar com a primer plat, et recomano que en facis un quilo. Si els vols com a acompanyament, cuina'n menys, mig quilo, per exemple.

Què poden acompanyar? Doncs tant carn com peix.

Llenties estofades

FITXA TÈCNICA

- Llenties
- Una fulla de llorer
- Una ceba
- Dos tomàquets
- Xoriço
- Sal
- Oli

COM ES PREPARA...

Si les compres seques, has de deixar les llenties en remull cinc hores abans de cuinar-les. Quan les vulguis coure, canvia'ls l'aigua dos o tres cops perquè quedin ben netes. En una cassola ben grossa i fonda, posa-les a bullir amb una fulla de llorer, que els dóna un bon aroma. Al cap de pocs minuts afegeix-hi el xoriço en dos o tres talls, la ceba a trossos, els dos tomàquets també partits i un rajolí d'oli.

Quan les llenties estiguin cuites és quan els has de posar la sal.

Per saber si ja són a punt tasta-les de tant en tant. Estaran quan t'ho sembli a tu.

EL RANXO...

Les llenties són un plat típic del ranxo militar. Amb tot, si estan ben preparades, són molt bones.

Els llegums –llenties, mongetes, cigrons...– s'han de menjar un cop per setmana com a mínim. En algunes d'aquestes cent receptes d'Estella 10 t'ensenyo unes quantes maneres bàsiques de cuinar llegums. A partir d'aquí, si tens imaginació pots anar modificant la condimentació.

Tingues en compte sempre el nivell de l'aigua i la potència del foc.

Les mongetes s'han de coure a foc lent; si no, se't poden desfer.

Els cigrons i les llenties es poden cuinar a foc mitjà, però aleshores cal vigilar el nivell de l'aigua, perquè s'evapora molt de pressa i es pot socarrimar. Així, socarrimat, és com em vaig menjar l'últim plat de cigrons que vaig cuinar amb el Juan a Estella 10. Es va evaporar tota l'aigua i els cigrons es van carbonitzar.

Tot i que no eren gens recomanables, la gana va poder més que la prudència.

Escalivada

FITXA TÈCNICA

- Quatre pebrots vermells
- Tres albergínies
- Un tomàquet
- Oli d'oliva
- Sal

COM ES PREPARA...

Posa els pebrots, les albergínies i el tomàquet –que hauràs col·locat a la safata del forn sense sal ni oli– al forn a una temperatura de 220 graus.

Al cap d'una estona, una mitja hora més o menys, quan els pebrots, les albergínies i el tomàquet estiguin ben fets (no negres, però gairebé), treu-los del forn.

Deixa'ls refredar i pela'ls. La manera més fàcil és embrutant-te les mans.

Després trosseja-ho tot i barreja-ho amb una mica d'oli d'oliva i sal. Presenta l'escalivada en una safata de vidre.

TORRADES POLONESES...

Als catalans sempre ens han anomenat “*polacos*”. No entenc per què ni d’on ve la gràcia, però volia aprofitar aquest llibre per dir a l’inventor del malnom, si és que em llegeix, que té problemes geogràfics i un sentit de l’humor força pobre.

Bé, l’escalivada és un plat català. Originàriament, els pebrots i les albergínies es feien a la brasa. Si tens la possibilitat de fer-ho així, veuràs com l’escalivada guanya.

Es menja amb torrades i, si vols, pots acompanyar-la amb unes anxoves, també a sobre de la torrada.

Ous i altres

Patates rosses

FITXA TÈCNICA

- Patates
- Oli
- Sal
- Una paella

COM ES PREPARA...

Segons afirma en Juan, un dels que va passar per Estella 10 i el que menys idea de cuina tenia, no hi pot haver ningú que no sàpiga fer patates fregides. Les seves paraules van ser aquestes, literalment: "Agafes les patates, les peles, les talles com et passa pels ous i les fiques en oli calent. I ja està."

Bé, doncs ja està, però posa'ls una mica de sal.

Ous ferrats

FITXA TÈCNICA

- Ous
- Oli de gira-sol i sal
- Una paella

COM ES PREPARA...

Fer un ou ferrat sense que es trenqui és tot un art...

Posa un raig d'oli que cobreixi una mica, però no gaire, el fons d'una paella petita, si pot ser antiadherent. Posa l'oli a escalfar i, quan vegis que ja està calent, abaixa el foc al mínim i posa-hi l'ou amb una mica de sal. Amb una escumadora esquitxa la part del rovell perquè l'oli cogui també aquesta part.

Quan vegis que ja està fet, el retires de la paella i te'l menges.

Així de fàcil.

UN TRUC...

Una manera senzilla d'abocar l'ou a la paella sense que es desfaci el rovell és trencar la closca de l'ou i posar-ne el contingut en un bol. Des del bol podràs abocar l'ou a la paella sense problemes.

L'últim any de la carrera vaig viure amb un gran paio, en Josean. Bé, doncs en Josean, a més de ser un artista de la ploma i la cuina, era un artista consumat pel que fa als ous ferrats.

Ous durs

FITXA TÈCNICA

- Ous
- Aigua
- Sal
- Vinagre

COM ES PREPARA...

Posa els ous que vulguis bullir en una cassola amb aigua abundant. Incorpora-hi un rajolí de vinagre i un pessic de sal.

Des del moment que l'aigua comença a bullir, deixa passar onze minuts. Aleshores treu els ous, deixa'ls refredar sota l'aigua freda de l'aixeta i pela'ls.

Bon profit.

ELS OUS...

Els ous durs són perfectes per a amanides, potatges de cigrons, per menjar sols, o farcits...

Un truc perquè els ous no se't trenquin durant la cocció és treure'ls de la nevera mitja hora abans i posar-los al foc quan l'aigua de la cassola encara és freda. A més, amb un raig de vinagre i un pessic de sal aconseguiràs que els ous no se't rebentin, encara que els acabis de treure de la nevera.

XAF

Truita de patates

FITXA TÈCNICA

- Una ceba
- Quatre o cinc patates
- Cinc ous
- Oli i sal

COM ES PREPARA...

Pela les patates i talla-les a rodanxes molt fines. Pela i talla també una ceba a trossos molt fins.

Posa en una paella força oli, el que es necessita per cobrir la patata i la ceba. Fes servir oli de gira-sol, que és més barat.

Quan la patata i la ceba estiguin quasi fetes –no daurades– aboca l'oli de la paella en un altre recipient, intentant que no et caiguin les patates

ni la ceba. A continuació afegeix a la paella els cinc ous ja batuts i un pessic de sal.

Deixa que l'ou es vagi fent a foc mitjà. Quan observis que la massa ja està feta per un costat, posa un plat gran tapant la paella i gira la truita, és a dir, passa-la al plat. Després deixa-la relliscar fins a la paella perquè la part no cuita es faci al foc.

Quan ja estigui cuita per tots dos costats, posa-la en un plat gran i a menjar.

TOROS, FLAMENC I TRUITA DE PATATES...

La imatge que un estranger té d'Espanya són els toros, el flamenc i la truita de patates. Els toros i el flamenc són difícils de trobar en altres llocs, però la truita de patates... mira que és fàcil de fer i són incapaços de menjar-la fora d'Espanya. Serà cosa de patentar el plat.

Patates i ous a la madrilenya

FITXA TÈCNICA

- Quatre o cinc patates
- Sis ous
- Oli i sal

COM ES PREPARA...

Pela les patates i talla-les a rodanxes molt fines. Posa oli en abundància en una paella, per poder cobrir la patata. Fes servir oli de gira-sol, que és més barat.

Quan la patata estigui daurada, posa-la en una enciamera fonda.

Fes sis ous ferrats en el mateix oli encara calent i barreja'ls amb la patata. Adoba la barreja i amb una forquilla aixafa els ous i les patates.

MADRILENY...

Has vist quin plat tan fàcil de fer? Molts restaurants de la capital l'ofereixen. Jo el vaig aprendre del Luis, pioner d'Estella 10, i madrileny, si ens fixem en el seu DNI i en la seva manera de parlar. A pesar de tot, és una bona persona.

Truita farcida de...

FITXA TÈCNICA

- Un parell d'ous
- Oli
- Sal
- Gambes, xoriço, xistorra, formatge, pernil, espàrrecs, tonyina, xampinyons, pollastre, enciam, carn picada...

COM ES PREPARA...

Bat dos ous amb un pessic de sal.

Posa en una paella una mica d'oli, el mínim indispensable per cobrir la base.

Tingues preparat també l'ingredient que vulguis per posar a la truita. Si són coses com xistorra, pollastre, xoriço fregit, xampinyons... és millor que abans de començar a fer la truita ho hagis cuinat, si cal. Si és un ingredient fred, com formatge, tonyina, espàrrecs, pernil... només cal que el tinguis a mà.

Aboca a la paella els ous batuts i deixa que es facin una mica. Abans de començar a tombar la truita, afegeix l'ingredient que vulguis. Embolica el farciment amb la mateixa truita, que has de procurar que quedi ben tancada.

No és gaire difícil, tot és qüestió de fer moltes truites...

EN MATÈRIA D'OUS...

Per a fer tant ous ferrats com remenats o truites és recomanable fer servir una paella antiadherent. Avui en dia quasi totes les paelles que venen són d'aques tipus.

A Estella 10, hi va haver una vegada una paella antiadherent, però de seguida va arribar algun espavilat que es va dedicar a fregar-la amb un fregall de níquel i és clar...

Com s'ha de fer per netejar una paella antiadherent?

Sempre s'ha de netejar amb el costat esponjós del fregall, és a dir, per la banda que no ratlla. Així ens durarà molt més.

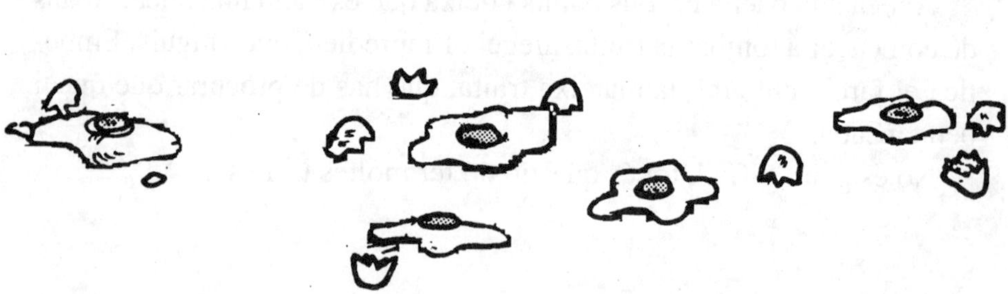

Sopes fregides amb ous ferrats

FITXA TÈCNICA

- Sopes fregides (en venen de preparades)
- Ous ferrats
- Oli d'oliva
- Sal

COM ES PREPARA...

Treu les sopes fregides del seu embolcall i posa-les a escalfar a la paella amb un rajolí d'aigua de tres segons. Quan estiguin soltes, esponjoses i calentes, retira-les del foc.

Fes dos ous ferrats per persona.

Fregeix una mica de xistorra a la paella dels ous però amb menys oli.

Serveix-ho tot junt al mateix plat.

UN MENJAR DE PASTOR...

Les sopes fregides són, o eren, perquè ja en queden pocs, un plat de pastors. Els pastors, que es passaven llargues temporades a la muntanya, aprofitaven el pa dur per fer les esponjoses sopes fregides. Les feien amb llard de porc i xoriço. Ara els pastors mengen de menú i paguen amb targeta de crèdit. Els temps canvien!

Les sopes fregides ja vénen preparades. Tot el que has de fer és acompanyar-les amb ous i xistorra.

Espàrrecs amb maionesa

FITXA TÈCNICA

- Espàrrecs
- Maionesa de pot o
- Maionesa casolana (consulta la recepta de la pàgina 181)

COM ES PREPARA...

Simplement no es prepara.

És molt senzill: treu els espàrrecs del pot i posa'ls en un plat. Després posa la maionesa al costat dels espàrrecs i que cadascú se serveixi al seu gust.

Senzill però molt bo.

AMB PERNIL...

De vegades l'èxit d'un plat depèn dels detalls, i com que el menjar entra abans pels ulls que per la boca...

Si enrotlles els espàrrecs amb un tall ben fi de pernil salat donaràs al plat un toc de restaurant amb moltes estrelles.

Fusta de formatges, patés i embotits

FITXA TÈCNICA

- Formatges, patés i embotits

COM ES PREPARA...

Compra formatges variats: de vaca, d'ovella, de cabra...

Col·loca'ls en una fusta i serveix-los amb torrades petites, vi negre o rosat i uns talls de pernil salat.

Amb la fusta de patés es fa el mateix, però sense formatge ni pernil. I el mateix també val per a la fusta d'embotits.

BO, BONIC I...

Aquesta és una manera ràpida i fàcil de preparar un primer plat excel·lent. A cada regió els embotits, els formatges i els patés varien segons els gustos i la tradició del lloc, per bé que totes les varietats es poden trobar a les grans superfícies o en xarcuteries especialitzades.

El que és més difícil és que tota aquesta varietat duri més de dos o tres dies a la nevera. A Estella 10, esbandíem els embotits en quaranta-vuit hores, essent el principal culpable de les grans desaparicions en Fernando. A qualsevol hora del matí o de la tarda, uns passos imperceptibles recorrien el passadís en direcció nord, cap a la cuina. Al cap de cinc minuts els passos retrocedien en direcció sud, cap a la seva habitació, amb un entrepà d'alguna cosa entre les dents.

Remenat d'alls tendres

FITXA TÈCNICA

- Dos manats d'alls tendres
- Quatre ous
- Oli d'oliva
- Sal

COM ES PREPARA...

Neteja els alls i després talla'ls a trossos petits. Posa un raig d'oli en una paella en quantitat suficient perquè en mulli la base. Fregeix-hi els alls. Quan estiguin rossejats, incorpora-hi els quatre ous batuts amb una mica de sal. Vés remenant fins que els ous vagin quedant quallats. Retira'ls quan estiguin al teu gust.

AL TEU GUST?

Els ous remenats poden quedar secs o sucosos. Queden secs quan els fas massa, en el qual cas resulten uns ous difícils de menjar, pesats.

Un bon remenat, que quedi sucós, s'ha de saber retirar del foc a temps, quan encara quedi líquid groc. És com una truita poc feta. Així et quedaran molt més sucosos i ideals per sucar-hi pa.

L'origen dels ous remenats s'ha de buscar a Salamanca, durant el segle XVIII. Uns escrits de cuina d'un antecessor francès, Revoltaire, també estudiant, ens expliquen com va descobrir els ous remenats en un banquet amb 223 comensals. Pretenia fer una immensa truita de bolets amb 300 ous. Els estris de l'època i el petit fogó que tenia el van obligar a fer la truita a foc lent. Tot anava bé fins que la va haver de tombar; no va pensar en aquest inconvenient... Aleshores va descobrir els ous remenats.

Remenat de bolets

FITXA TÈCNICA

- Bolets
- Oli d'oliva
- Sal
- Quatre ous

COM ES PREPARA...

Renta els bolets i després talla'ls a trossos petits. En una paella posa-hi oli suficient per mullar la base. Fregeix-hi els bolets. Quan estiguin enrossits, incorpora-hi els quatre ous batuts amb un pessic de sal. Remena'ls fins que els ous comencin a quallar. Retira'ls quan estiguin al teu gust.

BOLETS I IMAGINACIÓ

Els remenats poden ser del que vulguis. De gambes, de mongetes seques, d'espàrrecs, de carn... és a dir, fes servir la imaginació.

Pel que fa als bolets, assegura't bé de què menges. Si els compres no hi ha cap problema, però si vas a caçar-los al bosc vigila què et poses a la boca.

A Estella 10 teníem en Josean, un expert buscador de bolets. Entre setembre i octubre, bons mesos per fer una excursió matinal a la recerca de bolets, en Josean ens omplia les arques amb diferents menes de bolets. Després preparava uns deliciosos remenats dels quals gaudíem els que només havíem trobat un parell o tres de bolets.

Croquetes d'ou

FITXA TÈCNICA

- Beixamel (consulta la recepta a la pàgina 183)
- Ous
- Oli
- Pa ratllat

COM ES PREPARA...

Prepara una beixamel espessa i deixa-la refredar. Al mateix temps fes uns ous durs. Tingues en compte que de cada ou, en surten quatre croquetes.

Quan tinguis els ous fets, obre'ls i talla'ls al llarg en quatre quarts. Cobreix cadascun dels trossos amb beixamel i dona'ls forma de croqueta. Deixa-les refredar durant un parell d'hores (si pots).

Posa una mica de pa ratllat en un plat. Arrebossa cadascuna de les croquetes amb pa ratllat i després posa-les a fregir en una paella amb oli abundant i calent.

NO ÉS TANT COM SEMBLA...

Quan es presenten unes croquetes casolanes a la taula el primer que es pensa és: "Que bé que sap cuinar..."

Bé, doncs no n'hi ha per tant. No és tanta feina. És veritat que de vegades pot resultar pesat embrutar-se les mans amb la massa, però en uns pocs minuts pots deixar enllestides una gran quantitat de croquetes. A més, les croquetes es conserven força bé, si les poses a la nevera abans de fregir-les.

Croquetes de pollastre

FITXA TÈCNICA

- El pollastre que t'hagi sobrat
- Beixamel (consulta la recepta de la pàgina 183)
- Farina
- Oli
- Pa ratllat

COM ES PREPARA...

Reuneix les restes de pollastre, ceba, patata... que t'hagin quedat d'altres àpats, tritura-les amb una d'aquelles màquines que anuncien per la tele: un dos tres, picadora... Si no en tens cap, fes anar un ganivet i paciència.

Prepara una beixamel espessa i deixa-la refredar.

Quan la beixamel estigui freda i el pollastre triturat, posa tots dos ingredients en una paella amb una mica d'oli i deixa-la a foc mitjà. Remena sense parar fins que es formi una massa homogènia i compacta. Vés afegint-hi farina si veus que no s'acaba d'espessir.

Deixa refredar la massa durant una hora.

Prepara un plat amb pa ratllat.

Amb una cullera vés agafant trossos de massa i dóna'ls forma de croqueta. Després arrebossa-les amb pa ratllat i passa-les per la paella amb l'oli molt calent.

Quan les croquetes estiguin enrossides, posa-les en un plat amb un tovalló de paper perquè absorbeixi l'oli que encara tingui la croqueta.

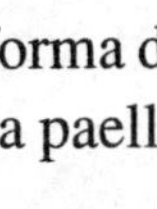

CROQUETES, UN CALAIX DE SASTRE...

La croqueta de pollastre es basa principalment en les restes de pollastre amb llimona, de pollastre al forn, de pits... de plats que no hagin estat liquidats per la voracitat dels comensals.

En comptes de llençar les sobralles a les escombraries o deixar-les podrir a la nevera, el millor és aprofitar-les per cuinar unes croquetes, delicioses i boníssimes. El pollastre, la ceba, la patata, qualsevol ingredient que hagi acompanyat l'au fins al seu destí gàstric és adequat per participar en la massa de les croquetes.

Sobretot, compte amb l'excés d'imaginació que tenen alguns. A Estella 10 teníem en Luis, que és d'aquells que s'emocionen quan es posen un davantal de cuina. A qualsevol plat que cuinava hi abocava totes les espècies que tingués a l'armari. Els resultats es neutralitzaven amb un parell de gerros d'aigua i molt de pa.

La carn

Pollastre amb llimona

Aquest plat és molt senzill de cuinar. A més, té una presentació final de restaurant de quatre forquilles.

FITXA TÈCNICA

- Un pollastre sencer i net
- Sal i pebre negre
- Una llimona
- Mantega
- Patates
- Quatre alls
- Un forn...

COM ES PREPARA...

La preparació és molt senzilla. En primer lloc, cal netejar el pollastre de les restes de plomes que hi puguin quedar, i a continuació posar-lo a sota de l'aixeta perquè quedi ben net per dins i per fora. Si el pollastre té molts pèls, crema'ls al foc. Si el foc que tens és elèctric, no se t'acudeixi de fer-hi res. Simplement carrega't de paciència i arrenca els pèls un per un.

Salpebra per dins i per fora. Com més n'hi posis més gust tindrà. La llimona que tinguem es punxa amb una forquilla set o vuit vegades. Introduïm la llimona a l'interior del pollastre amb els alls. Neteja les patates sense treure'ls la pell i embolica-les amb paper de plata.

El darrer pas serà empastifar el pollastre amb força mantega i introduir-lo al forn, amb les patates, durant una hora a una temperatura de 250 graus.

Si tens una visita que es mereixi un plat com aquest pots acompanyar-lo amb una amanida, o uns cabdells d'enciam, i per descomptat amb una bona ampolla de vi negre.

PER QUÈ S'EMBOLIQUEN LES PATATES?

Els plats de carn a la brasa, és típic acompanyar-los amb patates cuinades directament al foc. Com que en una cuina normalment no hi ha brases, es pot fer alguna cosa que faci el fet, més o menys. Si et dic que utilitzis paper de plata és perquè permet que les patates es coguin per dins sense que es cremin per fora. El més interessant és que, si hi penses, veuràs que, les patates, te les pots menjar amb formatge blanc tovet tovet...

Pollastre a les fines herbes

FITXA TÈCNICA

- Un pollastre net i sencer
- Sal i pebre
- Espècies: romaní, farigola, orenga...
- Mantega
- Patates senceres i sense pelar
- Ceba
- Conyac

COM ES PREPARA...

La preparació és la mateixa que la del pollastre amb llimona (consulta la recepta de la pàgina 111). Es neteja, se sala i s'hi espolsa el pebre per dins i per fora, i s'omple amb el romaní, la farigola, i una ceba tallada a trossos i pelada.

Amb el pollastre gairebé preparat, l'únic que ens falta és posar-hi la mantega.

Les patates, neteja-les amb aigua de l'aixeta, treu tota la brutícia que tinguin i embolica-les amb paper de plata.

El forn a 250 graus durant una hora serà suficient per aconseguir el punt del pollastre i les patates.

Si tens conyac, aprofita-ho i remulla el pollastre dues vegades mentre es va coent. Li donarà un tast molt especial.

PER QUÈ LA MANTEGA?

La raó d'untar el pollastre amb mantega és aconseguir que quedi sucós. La quantitat ha de ser ajustada, perquè si et passes pot ser que quedi massa embafador, i si no hi arribes, aleshores pot quedar una mica sec. El pollastre amb llimona era una gran especialitat d'Estella 10, si no en menjàvem dos dies a la setmana no en menjàvem cap. Allò era una exageració... ja no ens afaitàvem, ens arrencàvem les plomes...

Pollastre fregit estil Kentucky

FITXA TÈCNICA

- Pollastre trossejat
- Pebre negre
- Sal
- Farina
- Una paella amb força oli

COM ES PREPARA...

Aquest plat és molt ràpid de fer i molt bo.

Quan compris el pollastre demana-li a la dependenta que te'n faci trossos molt petits. Per exemple, la cuixa, que te la talli en dos o tres trossos.

Quan ja el tinguis a les mans, prepara una paella amb força oli (pots aprofitar l'oli d'altres fregits) i posa-la al foc. Prepara també un plat amb farina i un altre amb la sal i el pebre barrejats.

L'ordre és el següent: el pollastre es passa primer pel plat on tens la sal i el pebre i després s'enfarina fins que quedi ben blanc. Quan tinguis la quantitat que vols, el diposites amb cura, perquè no t'esquitxi, a la paella amb l'oli ben calent.

El pollastre estarà a punt quan el vegis ben ros. Tingues en compte que tot i que són trossos petits s'han de coure per dins, si vas massa de pressa et poden quedar crus.

ESPONJÓS COM EL KENTUCKY DE *KENTUCKY*

Si vols un pollastre cruixent i amb una abundant capa d'arrebossat, utilitza farina maizena. Et quedarà com els queda als professionals autèntics. Però si el pollastre es queda a casa, no t'hi amoïnis, amb farina normal et quedarà igual de bo. Això sí, posa-hi força sal i pebre.

Pit o cuixa de pollastre a la planxa

FITXA TÈCNICA

- La quantitat de pits o cuixes que vulguis menjar
- Sal d'all
- Sal
- Oli i una paella

COM ES PREPARA...

Per una qüestió d'higiene, sempre és recomanable netejar el pollastre si te l'has de menjar amb pell. La pell conté la part més bruta i amb més greix i colesterol del pollastre, de manera que també la pots treure. Personalment, a mi m'agrada força el pollastre a la planxa amb pell.

Quan ja tens a punt els trossos, els poses la sal i la sal d'all.

Tot seguit els poses a la paella amb foc de mitja intensitat. Perquè tingui més gust, durant l'última passada torna a posar-hi una mica de sal i de sal d'all.

QUAN...

Quan coguis carn a la planxa és recomanable posar paper de plata al damunt de la paella, així t'estalviaràs que la cuina quedi del tot bruta d'oli. A més, és un truc que estalvia feina a l'hora de netejar.

El que sol passar si no poses el paper de plata o una tapa és que un dia queda enllardada d'oli. L'endemà continua enllardada... i al cap d'unes setmanes és francament fastigós i la neteja més difícil.

Llom a la sal

FITXA TÈCNICA

- Un llom fresc sencer
- 1 kg i 1/2 de sal grossa
- Espècies

COM ES PREPARA...

És tan senzill com escalfar el forn a 250 graus, tapar el llom, amanit amb el que més ràbia et faci, tapar del tot amb la sal necessària i posar-lo al forn durant una hora.

COM ES MENJA...

El llom a la sal es conserva uns quants dies. Es pot menjar acompanyat de patates fregides i un parell d'ous ferrats.

Es talla fent llesques i es pot menjar com a plat principal en un sopar d'urgència per al qual no tens res a punt, acompanyat també de pebrots del *piquillo*, salsa de tomàquet calenta... amb les combinacions que la teva imaginació et permeti.

UN PLAT MOLT RENDIBLE...

Un llom sencer val uns 7 euros. Un quilo de sal uns 25 cèntims, i el gas del forn durant tres quarts d'hora... el que sigui. Aquest és un plat del qual es pot anar menjant uns quants sopars a la setmana. A nosaltres ens durava tres o quatre dies, sabent que quan teníem el llom a la nevera no menjàvem altra cosa, per sopar.

Filet de vedella amb xampinyons i llimona

FITXA TÈCNICA

- Un filet per persona
- Una llimona
- Uns quants xampinyons
- Sal d'all
- Sal
- Oli d'oliva

COM ES PREPARA...

Un plat ràpid i senzill. Posa els filets en un plat força estona abans de començar a cuinar, amb unes rodanxes fines de llimona per sobre. Si no has tingut temps de deixar reposant els filets amb la llimona, llavors deixa-ho córrer. La llimona és per donar-hi gust.

Sala els filets amb la sal d'all i la sal normal.

Talla els xampinyons en rodanxes fines.

En una paella o una planxa aboca-hi una mica d'oli d'oliva i, quan ja el tens calent, posa-hi els filets amb els xampinyons. Es couran a poc a poc. Normalment hauràs de treure la carn abans que els xampinyons. Recorda de posar paper de plata damunt la paella perquè l'oli que la carn esquitxa no es reparteixi per la cuina.

ACOMPANYAR...

Acompanyar la carn és senzill. Si no tens xampinyons pots posar-hi patates fregides, pebrots del *piquillo*, mongetes seques fregides, amanida...

Si vols fer un bistec normal i senzill... ja ho saps, una paella, un foc i un rajolí d'oli.

Conill al forn

FITXA TÈCNICA

- Un conill trossejat
- Un pebrot vermell mitjà
- Farigola
- Patates
- Quatre alls
- Tres tomàquets naturals
- Conyac
- Oli d'oliva

COM ES PREPARA...

El conill, si està trossejat molt millor. Obre l'aixeta i neteja'l bé amb aigua freda, frega'l amb els dits per treure'n la brutícia.

Mentrestant, escalfa al forn a 220 graus.

El pebrot, talla'l a trossets petits. Les llavors que té a dins, llença-les a les escombraries.

Les patates, neteja-les amb aigua de l'aixeta i embolica-les amb paper de plata.

Els alls, pela'ls; els tomàquets, neteja'ls amb aigua i treu-los, si en tenen, les branquetes verdes. Fes-ne quatre parts.

Posa al foc (no gaire viu) una olla amb un raig d'oli. Quan estigui calent, afegeix-hi els alls i mig minut després posa-hi els trossos de tomàquet, el pebrot picat i una mica de farigola. Deixa-ho coure sis minuts.

En una cassola de fang o a la mateixa plata del forn, posa-hi el conill i les verdures de l'olla a tot el volt. Posa-hi també les patates embolicades amb paper de plata, al forn, vull dir.

Afegeix-hi unes branquetes de farigola. Introdueix la plata al forn durant quaranta-cinc minuts i a menjar...

A LA CAÇA I CAPTURA...

El conill es compra a les carnisseries, però també es pot caçar. Recordo que en un viatge per Polònia anàvem amb una furgoneta conduint a uns 120 km/h; no és que sigui una velocitat extraordinària, però per als animalons d'aquella zona nord del país era una velocitat massa forta. Els Lada, Wartbrug i Skoda d'aquella època no passaven dels 90/100 km/h. Bé, doncs, en aquell viatge ens vam carregar com qui no vol la cosa tres faisans i un conill. Ja us podeu imaginar on van anar a parar els pobres animals... a la cassola. Amb els faisans ens van preparar una sola deliciosa, i amb el conill van fer un guisat boníssim. Recordo que algú es va queixar que el conill tenia gust de pneumàtic...

Tot això no té res a veure amb la recepta, però és per si alguna vegada atropelleu un pobre conillet i no sabeu què fer-ne.

Conill amb allioli

FITXA TÈCNICA

- Un conill trossejat
- Sal i pebre
- Vi (negre, rosat o blanc)
- Oli d'oliva

COM ES PREPARA...

Posa en un bol força oli, all picat (molt trossejat), sal, pebre, i un raig de vi. Tot a ull i amb lògica i intel·ligència.

Passa tots els trossos de conill, un per un, pel bol. Quan tot està ben sucat ho vas posant a la plata del forn prèviament untada amb

una mica d'oli. Amb el forn a 220 graus, posa-hi el conill durant quaranta-cinc minuts.

Per acompanyar pots fer patates al forn (consulta la recepta de la pàgina 61).

CONILL, SI US PLAU!!!

El conill i el gat, quan han passat per la cassola, semblen cosins germans. Que no et donin gat per llebre... Això t'ho dic per si un dia vas a menjar en un restaurant de dubtosa qualitat en què no parlen el teu idioma; més d'una vegada s'ha fet passar un producte sense denominació d'origen per un altre. A la carnisseria no tindràs cap problema. Si encara et sents animat, acompanya el pobre animaló amb cebes i patates.

Farcit amb tomàquet

FITXA TÈCNICA

- Un farcit (és de color groc)
- Una llauna de tomàquet fregit
- Una cassola de fang
- Oli d'oliva

COM ES PREPARA...

Talla el farcit en rodanxes. Prepara una cassola de fang poc fonda i, amb una mica d'oli, posa-la al foc lent.

Fregeix el farcit, en vas girant les rodanxes fins que vegis que s'han cuit per les dues bandes.

Quan el farcit ja és a punt, aboques la salsa de tomàquet a la cassola. La quantitat de tomàquet depèn de tu; pots posar-hi tomàquet fins que tot el farcit en quedi cobert.

EL FARCIT...

El farcit o *relleno* és un producte típic del nord d'Espanya, especialment de Navarra. Probablement no es troba en altres zones. És una mena de botifarró de color groc que, a més de menjar-te'l amb tomàquet, el pots acompanyar també amb ceba fregida o sense cap altre condiment.

Botifarró fregit

FITXA TÈCNICA

- Un botifarró
- Oli d'oliva

COM ES PREPARA...

Talla un tros de botifarró del gruix que vulguis. Prepara una paella amb una mica d'oli i fregeix-lo. Observaràs que el botifarró té una pell al volt, abans de servir-lo treu-l'hi.

PER QUÈ...

El botifarró, és millor coure'l amb poc oli, com també el farcit. Per una raó ben senzilla; si cous el botifarró submergint-lo en oli et quedarà oliós, i resultarà embafador.

Hamburgueses completes

FITXA TÈCNICA

- Una hamburguesa per persona
- Una ceba
- Formatge en llesques
- Un tomàquet
- Enciam
- Ou
- Cansalada fumada
- Maionesa
- Quetxup
- Pa especial per a hamburgueses
- Oli d'oliva

COM ES PREPARA...

En primer lloc talla una rodanxes de tomàquet i una fulla d'enciam, i poses una mica de maionesa damunt les llesques del pa; en fas un sandvitx.

Fregeix l'hamburguesa en una paella i amb poc oli, al seu costat hi poses la ceba i un tall de cansalada fumada, tot plegat a foc lent. Quan la ceba s'hagi enrossit, treu-la de la paella i afegeix-la al sandvitx. Després la cansalada. La carn, cuina-la al teu gust, molt feta, poc feta o al punt.

Una mica abans de treure l'hamburguesa del foc, posa-hi la llesca de formatge perquè es fongui una mica.

De seguida que tinguis l'hamburguesa preparada, fes un ou ferrat. Quan tinguis tots els ingredients a punt, posa l'hamburguesa damunt la cansalada, i després una mica de quetxup. I l'ou ferrat al damunt de la torre. Per rematar l'obra tapes el sandvitx amb l'altre tros de pa.

COMPTE...

Menjar una hamburguesa sense que es desfaci als dits és una tasca força complicada. Aquesta hamburguesa completa, se't farà difícil d'aguantar-la entre les mans; però tampoc no se t'acudeixi atacar-la amb la forquilla i el ganivet. L'ou ferrat començarà a gotejar, com també el quetxup i el suc de la carn... però aquest és el plaer de menjar una bona hamburguesa.

Acompanya-la amb una coca-cola i patates rosses.

Rellom de porc amb cansalada fumada

FITXA TÈCNICA

- Un rellom
- Talls de cansalada fumada

COM ES PREPARA...

Escalfa el forn a 220 graus, que sol ser el màxim que admet qualsevol forn. Posa el rellom o els relloms a la plata tipus graella al pis central del forn; just a sota de la graella, posa-hi l'altra plata perquè el suc dels relloms no es perdi.

Al cap de quinze minuts, punxa amb una forquilla un dels relloms. Si el suc que deixa anar ja no és sangonós, és que els relloms ja estan fets.

El pas següent és treure'ls del forn i embolicar-los completament amb els talls de cansalada. Després poses a gratinar els relloms embolicats amb la cansalada durant uns minuts. És recomanable girar els relloms per tal que el bacó es faci pels dos costats.

Quan ja estigui a punt, serveix els relloms en una plata o al mateix plat, i rega'ls amb la salsa que han desprès i que ha quedat dipositada a la plata del forn.

DE CARN, N'HI HA DE MOLTES MENES

Sempre he pensat que si menges un rellom o una costella com es fa una vegada de tant en tant, no siguis "rata" i compra un bon tros de carn. Per fer-ho és recomanable anar a la carnisseria del barri, on hi ha aquests meravellosos carnissers amb les bates plenes de sang i rosadets per la bona alimentació. Demana'ls consell i explica'ls la teva vida..., fes com es fa a les perruqueries.

Pits de pollastre amb salsa de pebrots

FITXA TÈCNICA

- Un pit de pollastre per persona
- Un pot de pebrot del *piquillo* en tires
- Nata líquida
- Un all
- Una ceba
- Sal i pebre
- Oli d'oliva

COM ES PREPARA...

En una paella,, posa-hi un raig d'oli i dos alls tallats en quatre trossos, que s'escalfin. Després hi poses una ceba tallada en trossos molt fins i, a foc lent, deixes que es vagi enrossint a poc a poc. Quan vegis que la ceba va perdent el seu color original, hi afegeixes tot el pot de pebrots.

Després d'estar un parell de minuts al foc, treu el suc d'aquesta barreja i posa'l en un plat a part. El suc, barreja'l amb 250 cl de nata líquida i escalfa'l a foc molt lent en una cassola.

Cou el pit de pollastre mentre es va fent la ceba amb els pebrots.

La manera de fer el pit és molt senzilla. Posa-hi sal i pebre i la cous en una paella amb un rajolí d'oli. (Recorda posar paper de plata al damunt de la paella perquè no s'embruti tota la cuina.)

Quan ja tinguis els pits fets, la ceba amb els pebrots, i la salsa, serveix-ho tot en plat.

Serveix la ceba com a acompanyament; la salsa anirà banyant el pit.

SALSES AMB NATA

Les salses amb nata líquida donen una cremositat molt bona al plat. Si no tens nata pots fer servir llet amb una mica de farina (perquè no quedi massa líquid).

Recordo que sempre que obríem un pot de nata líquida es quedava obert a la nevera durant setmanes, i per tant es feia malbé. Si et sobra nata, mira de cuinar uns espaguetis a la carbonara, o fer un pastís, o inventar-te un plat nou.

Pits de pollastre amb beixamel

FITXA TÈCNICA

- Pits de pollastre
- Ceba
- Formatge ratllat
- Xampinyons
- Sal i pebre
- Oli d'oliva
- Beixamel

COM ES PREPARA...

Mentre els pits es fregeixen amb una mica d'oli, amanits amb la sal i el pebre, prepara la beixamel (consulta la recepta de la pàgina 183).

En una paella a part posa-hi ceba (mitja ceba per cada pit) tallada amb llesques fines, a fregir. Al costat de la ceba posa-hi també xampinyons tallats en làmines fines.

Veuràs que els xampinyons deixen anar molta aigua; doncs bé, no els treguis fins que la ceba i els xampinyons estiguin ben enrossits i hagin perdut el líquid.

Posa els pits que ja estiguin cuits en una plata. Al damunt dels pits posa-hi els xampinyons i la ceba, i tapa-ho tot amb la beixamel. Després posa-hi força formatge ratllat emmental. Gratina-ho fins que vegis que el formatge i la beixamel estan enrossits. Vés amb compte i no et distreguis, el procés de gratinar és ràpid.

Per si no ho sabies, per gratinar has d'engegar la part superior del forn...

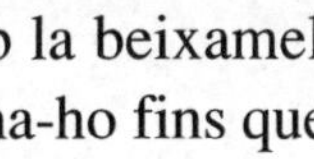

ELS XAMPINYONS

Sempre que tractis amb bolets, xampinyons, etc... és recomanable que els netegis bé abans de coure'ls.

Si mai has passejat pel camp i no has tingut l'oportunitat de veure on creixen els xampinyons, et recomano que facis una volta pels camps per on pasturen vaques i cavalls. Observaràs que aquesta mena de bolets creixen en llocs molt adobats... bon profit!!!

Vedella a la sal

FITXA TÈCNICA

- Una peça de vedella
- 2 kg de sal grossa o marina
- Pebre negre

COM ES PREPARA...

Aquest plat és semblant al del llom a la sal. I a més és un plat que et resol una pila de sopars.

En una plata d'anar al forn posa-hi la sal a la base, i a sobre la vedella; com més gran millor. El "tros de carn", condimenta'l amb molt pebre negre mòlt.

"Enterra" la vedella amb la sal que necessitis i posa-la al forn a una temperatura de 220 graus durant una hora i quart.

"Desenterra'l" i guarda'l, si vols, en paper de plata a la nevera. Et pot durar una setmana en perfectes condicions.

ECONÒMIC

Aquest és un plat fàcil i econòmic. Als hipermercats els preus solen ser molt bons. Si el compares amb el llom, fins i tot es pot veure que et queda més sucós.

La primera vegada que el vam fer a casa el vam preparar sense cap mena d'espècia; després vam anar experimentant i hi vam afegir el pebre negre, després la sal d'all, el romaní...

En aquesta recepta només hi hem posat el pebre negre; prefereixo que tu mateix vagis investigant i que vagis trobant els teus propis gustos.

Costelles amb pebrots del *piquillo*

FITXA TÈCNICA

- Una costella per persona
- Pebrots del *piquillo*
- Sal i pebre
- Oli d'oliva

COM ES PREPARA...

L'ideal és poder cuinar la costella amb unes brases competents, però la dificultat de poder fer una barbacoa a la cuina ens obligarà a preparar la costella a la planxa o al forn.

En una planxa gran posa-hi oli i escalfa'l. Amaneix les costelles i posa-les al foc. Afegeix els pebrots a la planxa. Retira la carn i els pebrots quan et sembli que ja són cuits.

Una altra manera de preparar les costelles és fer-ho al forn.

Amb el forn ben calent, posa en una plata les costelles al costat dels pebrots. Fes-les al forn durant deu o quinze minuts. Cuinar-ho al forn ho farà tot més sucós.

CAR PERÒ BO...

Aquest plat és car però molt bo. És una d'aquestes coses exquisides que es preparen una vegada a l'any i per alguna raó molt especial. I ja que es tracta d'una ocació tan especial no siguis ruc i compra una bona costella.

Pel que fa a això de fer una bona barbacoa a la cuina, recordo quan fèiem primer de carrera. Vaig portar la barbacoa de casa meva i vam intentar encendre-la a la terrassa. Vivíem en un desè pis, i feia un vent fort. Doncs bé, la barbacoa va funcionar i va fumar tota la casa, però vam menjar unes bones costelles.

No ho hem tornat a repetir, però va valer la pena.

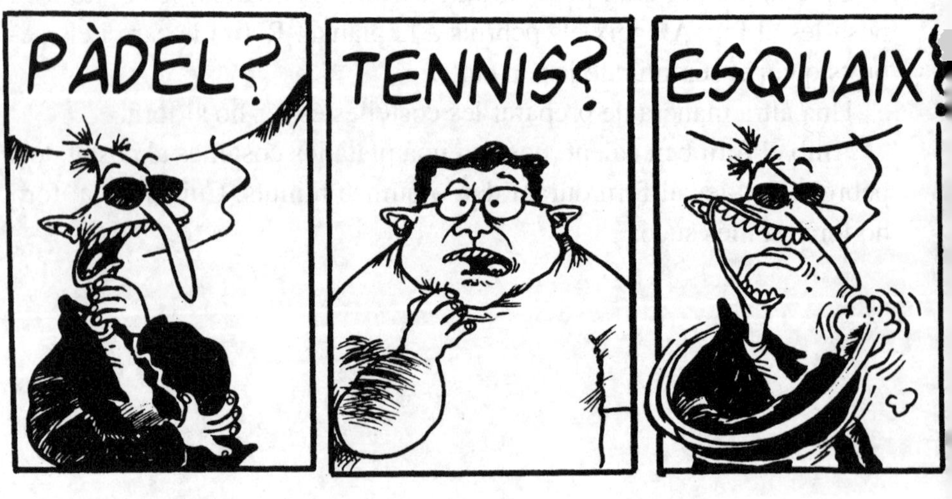

Mandonguilles

FITXA TÈCNICA

- Carn picada
- Farina
- All
- Ceba
- Tomàquet
- Pa de motlle
- Llet
- Oli d'oliva
- Sal i pebre blanc
- Ous

COM ES PREPARA...

En un recipient profund hi barreges la carn picada, l'all tallat molt petit, el julivert tallat fins a la mínima expressió, la molla de pa xopada amb la llet i un ou batut. Ho barreges amb les mans (se suposa que ne-

tes) i en fas boletes de la mida d'una pilota de ping-pong. Després passa les boletes per un plat amb farina fins que et quedin blanquinoses.

En una paella amb força oli –calent– posa-les a fregir. No deixis que se't cremin.

A part, fes un sofregit de ceba, tomàquet, patata, tot trossejat, i pèsols. Ja saps que per fer el sofregit en primer lloc has de fregir la ceba i el tomàquet. Després afegeix-hi la patata i mig got d'aigua. Quan hagin passat un parell de minuts posa-hi les mandonguilles i els pèsols.

El plat estarà a punt quan la patata estigui cuita.

MANDONGUILLES, PILOTETES O...

Que bones que són! T'aconsello que compris una barra de pa per sucar la salsa que en queda. No és de gent gaire ben educada, però en un pis d'estudiants no hi sol haver gaire problema per fer una cosa com aquesta.

És veritat que a Estella 10 érem força educats amb nosaltres mateixos. Però podria escriure un llibre tot sencer sobre la quantitat de marranades que he arribat a presenciar en un pis d'estudiants. Repeteixo que a Estella 10 manteníem el llistó en una altura mitjana, mai no el vam rebaixar massa.

El peix

Lluç a l'estil de Rota

FITXA TÈCNICA

- Una bossa de lluç congelat
- Dos o tres tomàquets vermells
- Dos pebrots verds
- Mitja ceba
- Una fulla de llorer
- Quatre o cinc grans de pebre negre. Si no n'hi ha, pebre negre en pols
- Sal
- Oli d'oliva

COM ES PREPARA...

Abans de començar a preparar res, comprova que el peix està descongelat. Treu-lo del congelador al matí, així de senzill.

Talla la ceba fina i fregeix-la amb poc foc en una paella amb una mica d'oli o de mantega. Un dia ho pots fer d'una manera i un altre dia canvies, fes-ho com més t'agradi.

Quan la ceba agafa un to rossejat hi afegeixes els tomàquets i els pebrots tallats a trossets, i també el llorer i el pebre.

Quan el tomàquet ja s'ha desfet i tot plegat sembla una massa afegeix-hi el lluç. Comprovaràs que el peix es fa de seguida. Simplement observa com va agafant un to blanquinós. Gira-ho un parell de vegades i en qüestió d'uns sis o vuit minuts estarà fet.

MILLOR FRESC QUE CONGELAT

Lògicament, el peix és més bo fresc que congelat, però ja se sap que el gust està en relació directa i proporcional amb el preu que es paga. El meu parer és que el menjar no és una simple despesa, sinó una inversió. Els diners entren de la mateixa manera que se'n van; el menjar també, però si és de bona qualitat t'ajuda a trobar-te bé, que no t'engreixis massa... els diners, en canvi, només porten problemes...

I la veritat és que m'agradaria tenir molts problemes...

Púding de peix

FITXA TÈCNICA

- 800 gr de peix congelat. Les bosses solen ser de 400 gr
- Una ceba grossa
- Dues cullerades de pa ratllat
- Tres ous
- Quatre cullerades de tomàquet fregit
- Oli d'oliva
- Mantega
- Un motlle allargat

COM ES PREPARA...

Es talla la ceba molt fina i es fregeix amb poc foc fins que queda enrossida. El peix, ja descongelat, s'afegeix a trossets a la paella on hi ha la ceba. Vés amb compte i no deixis que la ceba es cremi.

Quan vegis que el peix ja s'ha cuit, afegeix-hi els dos ous batuts i una cullerada de pa ratllat. Barreja-ho tot plegat. Després hi afegeixes les quatre cullerades de tomàquet fregit.

Tota aquesta massa, posa-la en un motlle untat amb mantega i al forn durant trenta minuts a 180 graus.

Et quedarà un púding de peix boníssim.

Rap a la planxa

FITXA TÈCNICA

- Rap fresc
- Oli d'oliva
- Pebre negre
- Julivert

COM ES PREPARA...

El rap és un peix i se n'ha de treure l'espina central. A part d'aquesta, en té molt poques, d'espines.

Per preparar-lo correctament, el primer que cal és netejar-lo a sota d'un bon raig d'aigua freda. A continuació talla'l fent trossos variats: grans i petits.

Prepara una paella o una planxa amb oli d'oliva. Amaneix el rap amb pebre negre. Com més n'hi posis, més fort serà el gust.

El darrer pas és fregir el rap. Tu mateix veuràs si és cuit o encara no.

El julivert és per a la presentació d'un plat tan saborós i car com aquest. Si el presentes en una plata, guarnint-lo amb el julivert i acompanyat amb un vi blanc, no hi haurà qui digui no.

A LA PEIXATERIA.

La compra de qualsevol peix fresc requereix el consell del peixater. Si li dius la quantitat de gent que n'ha de menjar i la mena de plat que vols preparar, ell t'aconsellarà pel que fa a la quantitat que en necessites.

Encara que hi hagi molta gent a la peixateria, insisteix que vols que et netegi el rap. I que te'l netegi vol dir que en tregui la pell negra i l'espina central. Aquesta feina del peixater t'estalviarà que destrossis el rap al marbre de la cuina...

El rap, com qualsevol peix fresc, fa pujar bastant el pressupost en menjar, però sempre val la pena invertir una mica més; encara que sigui una vegada cada tres mesos.

Sípia a la planxa

FITXA TÈCNICA

- Una sípia sencera i fresca
- All
- Oli d'oliva
- Julivert

COM ES PREPARA...

Netejar la sípia és el primer que cal fer. Molt senzill. Treu-li el cap i la part que té a dins, és una mena de dent, el lloc per on menja. La resta, s'aprofita tota.

Talla la sípia en uns quants trossos. La grandària i la quantitat depèn dels que n'hàgiu de menjar.

Pela els quatre alls i escalfa'ls en una paella o planxa amb oli d'oliva. No deixis que els alls es cremin, afegeix de seguida els trossos de sípia.

La millor manera de saber si la sípia ja està a punt és agafar-ne un tros petit i tastar-la. Si veus que ja no està gaire dura i que es deixa mastegar i que està molt bona, molt bona... llavors és que ja s'ha cuit.

Pel que fa al julivert, et diré el mateix que deia del rap, és perquè el facis servir a l'hora de guarnir el plat.

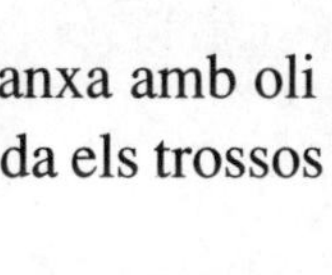

QUAN COMPRIS SÍPIA...

Deixa que el peixater t'aconselli. La grandària de la sípia canvia molt, per això no te n'he indicat la quantitat.

Generalment, amb una sípia n'hi ha prou perquè en mengin dues persones, de manera que si sou més, caldrà gastar més.

Sempre que necessitis julivert, recorda que NO N'HAS DE COMPRAR MAI, a les peixateries en regalen.

Llenguado a la planxa

FITXA TÈCNICA

- Un llenguado per cap
- All
- Llimona
- Julivert
- Oli d'oliva

COM ES PREPARA...

En primer lloc, necessites un llenguado net (parla amb la peixatera) o descongelat. Prepara una paella amb oli d'oliva i un all tallat ben fi, posa-ho a foc mitjà.

Quan l'oli estigui calent posa-hi el llenguado.

Veuràs que de seguida ja serà cuit, de manera que no te'n vagis a parlar per telèfon ni a veure la televisió. Gira'l, amb una espàtula plana perquè no es trenqui, i de seguida ja estarà a punt.

És qüestió d'uns cinc minuts. Presenta'l amb una mica de julivert i dues rodanxes de llimona.

QUAN FACIS PEIX...

Procura tenir a casa una paella ANTIADHERENT. Amb aquest estri evitaràs que se't trenqui o que se t'enganxi (el peix).

Calamar a la cassola

FITXA TÈCNICA

- Un calamar gros
- Pèsols congelats
- Tres patates
- Una ceba
- Oli d'oliva
- Sal
- Pebre vermell

COM ES PREPARA...

Pela les tres patates i talla-les a daus. Pela la ceba i talla-la fina. El calamar, neteja'l amb aigua de l'aixeta i tallat a daus.

Quan ja tingui tots aquests elements preparats posa una cassola de fang amb un bon raig d'oli d'oliva a foc mitjà. Quan l'oli es comenci a escalfar, afegeix-hi les patates i la ceba. Al cap d'un parell de minuts, afegeix-hi el calamar. Deixa-ho que es refredi una estona i afegeix-hi un got d'aigua. Dóna canya al foc. Posa-hi una cullerada de sal i una mica de pebre vermell, prou per acolorir l'aigua.

Al cap de quinze minuts tasta un tros de calamar, si està tou vol dir que ja està fet. Aleshores treu els pèsols del congelador i afegeix-n'hi els que vulguis. Deixa-ho bullir a foc lent i amb la tapa posada fins que els pèsols s'hagin estovat.

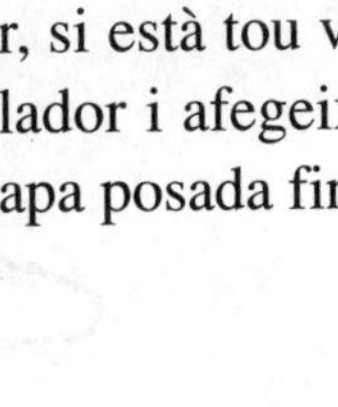

AIGUA SALADA...

Encara que l'aigua del mar sigui salada, i encara que el calamar tingui el seu origen en les profunditats d'aquesta aigua, afegeix-li sal.

Convé que vagis tastant el gust que té, i que hi afegeixis sal al teu gust, però cal que sàpigues que si la sales, la sípia et quedarà més tova.

Calamars farcits

FITXA TÈCNICA

- Dos calamars farcits per persona
- Oli d'oliva
- Pebre vermell
- Pèsols congelats
- Vi blanc

COM ES PREPARA...

Neteja els calamars amb l'aigua de l'aixeta. Vés amb compte de no perdre l'escuradents: també perdries el farcit dels calamars.

En una cassola de fang, posa-hi un bon raig d'oli d'oliva i, quan estigui calent, els calamars. Amb el foc a mitja potència, deixa que es vagin fregint. Quan ja faci una bona estona que són al foc, uns quatre minuts, afegeix-hi un bon raig de vi blanc. Així aconseguiràs que l'oli pari de fregir els calamars i que passin a coure's amb el vapor del vi. Afegeix també una mica de pebre vermell al damunt de cada calamar.

Tapa la cassola i posa-ho a foc lent. Deixa que es coguin a poc a poc. Calen, més o menys, uns quinze minuts. De tota manera, si els punxes amb un ganivet sabràs si ja són tous, o encara no.

PLAT PER A...

Aquest és el plat típic de quedar bé. Si tens convidats, prepara'ls uns calamarsets farcits, acompanyats del vi que t'hagi sobrat.

Els calamars es compren farcits i tancats. Són en general petits, de manera que seria bo servir als comensals dos o tres calamars per persona. Tranquil, no són gaire cars.

Gambes al forn

FITXA TÈCNICA

- Gambes congelades (pel preu...)
- Sal i pebre
- Oli d'oliva
- All picat

COM ES PREPARA...

Posa les gambes a la mateixa plata d'anar al forn, que ja estiguin descongelades i d'una manera ordenada. A continuació, l'una al costat de l'altra, espolsa-hi la sal i el pebre. Assegura't que cada gamba n'ha rebut una mica. Després mulla totes les gambes amb oli, però que no arribin a surar en una bassa d'oli. Distribueix l'all picat per tota la plata.

Encén el foc de gratinar i posa les gambes al forn. Vés girant-les fins que estiguin daurades.

Presenta-les en una plata amb unes rodanxes de llimona.

NO ÉS CAR...

No és car, és caríssim... però s'adiu amb situacions molt especials, com ara quan convides a dinar un professor o una professora uns dies abans d'un examen.

Aquesta era una pràctica usual al nostre pis. Convidàvem els professors, els fèiem uns plats exquisits i després coincidia que trèiem bones notes. Suposo que si mai llegeixen aquest llibre pensaran que som uns aprofitats, i pot ser que sigui veritat, però no podran dir que al seu moment no es van llepar els dits.

Dorada a la sal

FITXA TÈCNICA

- Una dorada
- 2 kg de sal gruixuda o marina

COM ES PREPARA...

Neteja la dorada amb aigua.

A la plata que faràs servir, posa-hi una capa de sal de més o menys un centímetre de gruix. Posa-hi al damunt la dorada i tapa-la del tot amb la sal. No cal fer servir els dos quilos. Simplement tapa-la.

Deixa el peix al forn durant vint-i-cinc minuts a una temperatura de 180 graus.

Per presentar la dorada i menjar-te-la treu-la del forn, treu-li la sal i posa-la en una plata amb unes rodanxes de llimona.

RECORDA QUE...

El peix sempre és car, i encara més si és fresc. Però és bo menjar-ne un dia a la setmana, i no menjar sempre llom, entrepans, embotit, pasta i pizza. Anima't a menjar peix i plats sans!

Musclos al vapor

FITXA TÈCNICA

- 1 kg de musclos per a dues persones
- Pebre blanc
- El suc de dues llimones
- Un trosset de pebrot vermell picant

COM ES PREPARA...

Quan ja tinguis els musclos nets (es freguen amb un fregall metàl·lic), posa'ls en una cassola amb un raig d'oli, el que surti mentre l'aboques durant uns cinc segons –amb setrill–, i amanits amb el pebre blanc. Afegeix-hi el trosset de pebrot vermell picant, de la mida d'una ungla, el suc de dues llimones, i mig got d'aigua (com un got de vi).

Posa la cassola amb foc mitjà i la tapa durant tres o quatre minuts. Quan vegis que els musclos s'han obert és que ja es poden menjar. La salsa és molt bona...

Els musclos que no s'hagin obert és millor que no te'ls mengis.

EL MÉS EMPRENYADOR...

L'únic que et pot fer enrere a l'hora de cuinar aquest plat és netejar els musclos. Crec, i així ho creia quan tenia pensat cuinar els musclos, que la feina de neteja ha de ser una tasca de grup. Netejar un parell de quilos de musclos entre dos dura aproximadament uns vint minuts.

La millor manera de netejar-los és fer servir un fregall metàl·lic i rascar fort. Després, si et queda temps, deixa'ls en remull i amb una cullera. La meva mare deia que el metall en remull amb els musclos ajuda a eliminar les restes de terra o de sorra que hi poguessin quedar. Són costums i tradicions que val la pena mantenir...

Aquest plat és molt bo i molt barat.

Lluç a la basca

FITXA TÈCNICA

- Lluç en rodanxes
- All
- Ceba
- Julivert
- Oli d'oliva
- Farina
- Ametlles picades
- Cloïsses
- Cuetes de gambes (en venen de congelades i a l'engròs)

COM ES PREPARA...

Enfarina els trossos de lluç i posa'ls amb una mica d'oli bullint. Després de fer-los passar per la paella, posa'ls en una cassola de fang.

Fes servir la mateixa paella per sofregir la ceba tallada en trossos molt petits. Quan la ceba s'hagi enrossit afegeix-hi dues cullerades de farina i una mica d'aigua. Barreja-ho tot.

Prepara una picada d'all, julivert i ametlles.

Barreja-ho tot a la cassola de fang i posa-ho a foc lent.

Quan ja està fent xup-xup, afegeix-hi les cloïsses i les cuetes de gambes que vulguis.

EL MEU PRIMER PLAT DE PEIX...

La meva tieta i padrina –és la mateixa persona–, ha estat una de les normes de conducta a la cuina d'Estella 10. En algun lloc de la cuina sempre hi havia el seu llibre de receptes. Brut i ple de greix, però amb molts plats fàcils de preparar.

Era norma de conducta perquè davant l'excusa de "no sè què fer..." sempre se sentia la meva veu imperativa dient "cony, agafa el llibre i prepara alguna cosa. No és tan difícil".

Espero que aquest llibre no causi desavinences entre els del pis per manca d'imaginació a l'hora de cuinar. També espero que no hagi estat el regal de la mare o d'un nòvio per veure si aconsegueixen que aprenguis a cuinar alguna cosa. No us deixeu dominar, sigueu vosaltres mateixos...!

Púding de cranc

FITXA TÈCNICA

- Deu rotllets de cranc congelat
- Mig pot de llet IDEAL
- Tomàquet fregit
- Cinc ous
- Sal i pebre

COM ES PREPARA...

Talla a trossets els deu palets amb unes tisores damunt un bol d'amanida. Hi afegeixes cinc ous, després el mig pot de llet IDEAL i tres cullerades de tomàquet fregit. Amb una batedora... ho barreges fins que queda una massa uniforme.

Escalfa el forn a una temperatura de 180 graus.

Prepara un motlle untat amb oli o mantega (perquè no s'enganxi quan ho coguis al forn). Per untar el motlle, el més fàcil és untar-se els dits i escampar l'oli o la mantega per les parets del motlle.

Ho poses al forn, ja escalfat, una mitja hora.

RECEPTES D'ÀVIA...

La paraula púding pot espantar. Quan la sents penses en un "plat difícil de preparar". És com quan vas a un restaurant i et planten un pastís de carn o de peix amb una pinta molt bona i penses: "Que bo que és! Com el deuen haver fet?" No t'hi amoïnis, la preparació del púding és tan senzilla com pot ser senzill el mecanisme d'un xumet. Tan fàcil com això. Simplement segueix les instruccions i veuràs que surt boníssim.

És una recepta d'àvia perquè és molt bona, té una pinta boníssima i perquè sembla molt difícil de fer.

Salses i Complements

Salsa de mostassa

FITXA TÈCNICA

- All
- Ceba
- Mostassa
- Vi blanc
- Sal i pebre negre
- Mantega
- Nata líquida

COM ES PREPARA...

Fregeix en una paella tres alls a trossets amb una ceba picada ben fina i dues premudes del tub de la mostassa o dues culleradetes de bona mostassa. Ho remenes una mica i hi afegeixes nata líquida (125 cl), un raig de vi blanc, sal i pebre.

Ho vas remenant tot fins que està ben calent.

PEL QUE FA A LES SALSES...

Aquest tema és molt personal. Hi ha persones que s'estimen més les que tenen un gust fort, d'altres les prefereixen més suaus... La qüestió és que serà el cuiner el qui rebi les lloances o les crítiques. Per tant, cuina com a tu t'agradi.

Quan preparis una salsa, vés cuinant segons els ingredients que et van dient, però si veus que hi falta una mica de nata, de sal o mostassa, o pebre... el que sigui, arrisca't i afegeix-n'hi fins que et sembli que el gust és el correcte.

Per experiència et diré que si no t'arrisques no n'aprens. Has de ser una mica creatiu. Si et passa pel cap que, a aquesta salsa, el que li falta són uns cogombres picants, posa-n'hi. Si no et surt bo, segur que no ho tornaràs a fer.

Salsa de tomàquet per untar

FITXA TÈCNICA

- Tomàquets
- Sal
- Oli d'oliva
- Un gra d'all

COM ES PREPARA...

L'eina principal és la batedora i el seu recipient. Hi poses un tomàquet, si pot ser madur, tallat a trossos; un gra d'all tallat a trossos molt petits, un bon raig d'oli i una mica de sal.

Ho barreges tot amb la batedora fins que queda una salsa uniforme.

Ho tastes. La salsa ha de quedar oliosa i amb el punt just de sal. Que no predomini la sal ni el tomàquet, el mateix et dic de l'oli. Ha de quedar equilibrat.

Aquesta salsa és boníssima per untar pa torrat.

PROVÉ DE...

El seu origen és català. Se'm va acudir un dia que tenia "mono" de pa amb tomàquet i gairebé no n'hi havia cap. Bé, només un. Doncs el cas és que l'èxit va ser sonat.

Al cap d'un temps vaig descobrir que no havia inventat la llum, i que era una recepta molt antiga que sempre s'havia fet servir.

Pa amb tomàquet

FITXA TÈCNICA

- Pa de pagès o rodó, o de coca, o romà, o de llenya, o...
- Tomàquets vermells i madurs
- Sal

COM ES PREPARA...

Talla el pa en llesques una mica gruixudes i torra-les. Quan hagin agafat un color daurat (torrat), agafes la meitat d'un tomàquet i el fregues per la part de dins fins que la llesca està ben sucada. Després pessigues una mica de sal i l'espolses damunt la llesca. En darrer lloc hi afegeixes un bon raig d'oli d'oliva.

Fes servir tots els tomàquets que calgui. Si en tens pocs, vés a la recepta de la salsa de tomàquet per untar (consulta la recepta de la pàg. 175).

ELS CATALANS...

No ens podem imaginar un entrepà sense pa amb tomàquet. Al pa amb tomàquet s'hi pot afegir una bona truita, pernil salat, pernil dolç, un bon plat de formatge, o bé també es pot fer servir com a acompanyament de carn, amanida, peix... És un gran complement i solució. I és curiós que, al llarg dels meus anys com a estudiant, vaig saber que molta gent n'havia sentit a parlar, d'aquest costum, però que eren pocs els que n'havien arribat a menjar, dels de fora de Catalunya.

Salsa Saladich

FITXA TÈCNICA

- Oli d'oliva
- Mostassa
- Sal
- Nata líquida

COM ES PREPARA...

És una salsa per amanir. Les proporcions d'aquesta salsa són de tres d'oli, una de nata líquida, sal i mostassa al gust. Es barreja en un bol i amb energia fins que n'obtenim un color uniforme.

Si no us agrada digueu-m'ho, us donaré el telèfon del seu creador.

Maionesa

FITXA TÈCNICA

- Un ou
- Oli d'oliva
- Sal
- Mostassa o all o vinagre

COM ES PREPARA...

En el recipient, cilíndric i alt, de la batedora o com en diguis hi poses un ou, un pessic de sal i una punta de cullereta de mostassa o un rajolí de vinagre. Posa-hi també un bon raig d'oli.

Bat amb la batedora mentre hi vas afegint oli de manera constant. Quan la barreja està espessa és que ja ho tens. Si no s'espesseix com cal continua afegint-hi oli fins que ho aconsegueixis. Però sàpigues que tot té un límit.

La maionesa amb mostassa és per acompanyar la carn.

Si en fas servir per menjar amb peix, en lloc de la mostassa posa-hi mig gra d'all.

L'ORIGEN DEL NOM...

L'origen de la paraula maionesa es relaciona amb Maó, una ciutat de Menorca. De fet, aquesta paraula s'ha agafat del francès mayonnaise, que, al seu torn, sembla una alteració de (sauce) mahonnaise 'salsa de Maó', anomenada així en record de la presa de Maó (ciutat de l'illa de Menorca) pels francesos el 1756.

Beixamel

FITXA TÈCNICA

- Farina
- Mantega
- Llet
- Sal
- Nou moscada

COM ES PREPARA...

En una paella antiadherent o en una cassola, i sense encendre el foc, posa-hi dues cullerades de farina i un raig de llet. Amb una cullera de fusta vés barrejant fins que no quedin grumolls de farina.

Espolsa-hi nou moscada (si no en tens no t'hi amoïnis), un pessic de sal i una cullerada de mantega. Torna a remenar.

Encén el foc al mínim i vés afegint llet i farina fins que la salsa es vagi espessint. Si t'hi queden grumolls fes servir la batedora per eliminar-los.

CLARA O ESPESSA...

La salsa espessa serà per fer croquetes, la beixamel clara per als canelons, la lasanya, la coliflor...

He de reconèixer que m'ha costat, i encara m'és difícil, que em surti la beixamel sense haver de fer servir la batedora. El truc consisteix a no parar de remenar mentre es va fent. Però, ja se sap, tot és qüestió de paciència, de repetir cada cop que faci falta, i sobretot ganes d'experimentar l'art de les cassoles i altres estris.

Allioli

FITXA TÈCNICA

- All
- Oli
- Sal
- Llimona o vinagre

COM ES PREPARA...

Aixafa cinc grans d'all al morter, mentre ho fas posa-hi una mica de sal.

Quan ja tens feta la pasta, amb la mà de morter en una mà i treballant, afegeixes oli de manera constant i en poca quantitat.

De tant en tant vas afegint unes gotes de llimona o vinagre.

Quan hagis acabat tasta-la. Si hi falta sal, llimona o oli, n'hi afegeixes fins que quedi al teu gust.

ALL I OLI

És una recepta típica catalana. Com passa amb el pa amb tomàquet, que fora de Catalunya es pronuncia sovint "pantumaca", la salsa allioli sovint és anomenada "alioli". En lloc d'una salsa sembla una altra cosa.

Aquesta salsa és perfecta per acompanyar qualsevol mena de carn, i si el tall el pots fer a la brasa, aleshores és segur que te'n lleparàs els dits.

Salsa per amanir sense vinagre

FITXA TÈCNICA

- Oli
- Llimona
- Sal
- Alguna espècia (opcional)

COM ES PREPARA...

Posa en un bol el suc de llimona, una culleradeta de sal, alguna espècia (pebre negre, orenga, romaní...), i oli d'oliva.

Barreja-ho tot amb una cullera de fusta.

PER QUÈ SENSE VINAGRE...?

El vinagre és desagradable per a moltes persones. Tant la seva olor com el seu gust fort perjudiquen el paladar de molts gurmets. És més refinat utilitzar llimona, tot i que tampoc vol dir que sigui millor.

Al meu parer, i segons el de molts especialistes –d'altres estudiants de paladar fi– sempre és millor fer servir un bon vinagre que llimona.

A Estella 10 va ser difícil comprovar que la llimona era millor que el vinagre. Pel març del 1994, el Luis, el Miguel, un altre Luis i jo vam fer un viatge a la Lapònia en un Twingo. En aquell viatge ens vam trobar necessitats d'unes quantes coses. En una d'aquestes necessitats extremes a 25 graus sota zero vam aconseguir dues ampolles de vi de Jerez. Quan les obríem ens vam adonar que no eren de vi, que eren de vinagre. Bé, doncs, aquest "vi" va durar a Estella 10 dos anys i mig. Aquest era el vinagre que fèiem servir per amanir. Tot i així jo encara prefereixo el vinagre més que la llimona.

Salsa vinagreta

FITXA TÈCNICA

- Ous
- Cogombres en vinagre
- Ceba
- Mostassa
- Vinagre
- Oli d'oliva
- Tàperes

COM ES PREPARA...

Posa tots els ingredients al recipient de la batedora en aquestes quantitats: dos ous durs (consulta la recepta de la pàgina 87), una ceba petita, tres cogombres en vinagre, una culleradeta de mostassa i unes tàperes (poques). Has de batre-ho tot fins que queda una pasta molt fina. Posa aquesta pasta en un altre bol i afegeix-hi oli i vinagre al teu gust.

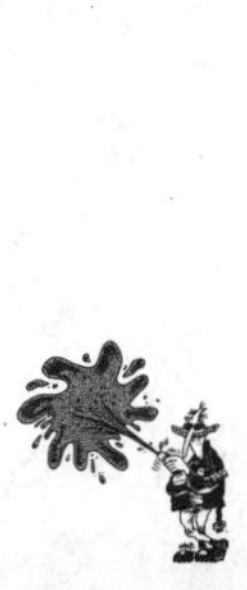

PER A...

Amanides i verdures.

Si alguns dels comensals habituals és amic del tabasco, del pebre vermell, restaurants mexicans i japonesos, potser li agradaria acompanyar qualsevol verdura o amanida amb aquesta salsa. Però si aquesta salsa li sembla "aigua amb sucre", s'hi pot posar doble ració de mostassa picant perquè tingui més gust.

Salsa de rocafort

FITXA TÈCNICA

- Formatge rocafort
- Mantega
- Crema de llet
- Vinagre
- Sal

COM ES PREPARA...

Posa una cullerada de mantega en una cassola. La deixes desfer amb foc molt lent. Tot seguit afegeix-hi el formatge més o menys a trossos, mig got de crema de llet, un rajolí de vinagre i un pessic de sal.

Remena-ho tot amb una cullera de fusta fins que n'obtinguis una massa uniforme.

ET RECOMANO...

Les endívies amb rocafort. Les endívies soles són una mica insípides, però acompanyades d'aquesta salsa tan saborosa agafen un gust molt especial.

Salsa rosa

FITXA TÈCNICA

- Maionesa
- Quetxup

COM ES PREPARA...

Barreja-ho tot plegat fins que quedi de color... rosa. És clar.

Pel que fa a la maionesa tens dues opcions. O en compres de feta o en fas tu (consulta la recepta de la pàgina 181).

Jo et recomano la primera possibilitat, és més fàcil que es conservi bé i en tindràs més quantitat. A més, si la compres feta, no t'arrisques a perdre un ou, oli, sal i una mica de paciència.

Salsa de tomàquet

FITXA TÈCNICA

- Tomàquet madur
- Sal i pebre
- Llard
- Sucre

COM ES PREPARA...

Talla els dos quilos de tomàquets i posa'ls en una cassola amb els 50 gr de llard. Amaneix-ho amb sal i pebre, posa-hi també una culleradeta de sucre.

Deixa-ho a foc lent durant una hora i mitja.

PER DONAR-NE I VENDRE...

Ja que t'emboliques en un procés d'hora i mitja, aprofita i fes salsa de tomàquet per guardar a la nevera. Posa la salsa en pots de vidre.

Si no t'hi engresques, i l'únic que vols és fer una salsa per als espaguetis o l'arròs, aleshores tens la salsa de tomàquet simple.

La simple consisteix a desfer en una cassola uns tomàquets pelats amb una mica de sal. Ho salpebres una mica. Si no acaben de desferse passa-ho per la batedora.

Empanada gallega

FITXA TÈCNICA

- Farina
- Un ou
- Sal
- Llevat
- Llard de vedella (si en tens)
- Aigua
- Tonyina o carn
- Cebes
- Salsa de tomàquet
- Safrà
- Oli d'oliva

COM ES PREPARA...

Damunt del marbre de la cuina posa-hi 3/4 de kg de farina. Fes una muntanyeta i, com si fos un volcà, posa-hi l'ou al mig, un pessic de sal i un sobre de llevat. Si tens llard, posa-n'hi un tros. Per controlar que no et quedi massa dura afegeix-hi una mica d'aigua. Fes la barreja. No et pensis que te'n pots escapar sense embrutar-te... Quan tinguis la massa ben compacta, estira-la amb una ampolla de vidre a manera de corró. Tingues en compte que en necessitaràs dos trossos iguals, un per a la part de sobre i l'altre per a la part de sota. La massa ha de quedar fina i compacta. La massa de l'empanada és més dura que la de pizza.

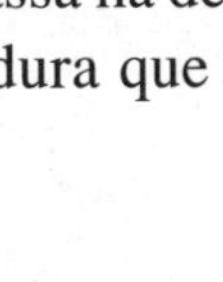

En una paella prepara el contingut de l'empanada. Has de picar tres cebes grosses (talla-la en trossos petits); mig pebrot vermell i una mica de julivert, també picat. Deixa-ho sofregir una estona i a foc lent. Després afegeix-hi una cullerada de salsa de tomàquet i un pessic de safrà.

Si l'empanada és de carn posa la carn al sofregit.

Si l'empanada és de tonyina, posa-la damunt del sofregit quan el sofregit ja el tinguis estès damunt la massa.

Quan tinguis la massa estesa punxa-la amb la forquilla, d'aquesta manera no s'hi faran bombolles. Després escampa-hi el sofregit, tapa'l amb l'altra part de la massa, bat un ou i escampa'l per sobre. Posa-ho tot al forn a 180 graus fins que quedi cruixent.

EMPANADA DE LA RIA D'AROUSA

Que en són, de bona gent, els gallecs, i quin menjar tan bo que fan! Uns amics gallecs em van ensenyar aquesta meravellosa recepta.

Diuen que els gallecs forneixen menjar a tot Espanya, el seu menjar agrada a tothom, d'aquí la fama dels seus restaurants per tot el món, però també és cert que ells no s'acostumen tan fàcilment a d'altres cuines. Pitjor per ells i millor per nosaltres, ves. De totes maneres, us recomano que feu una volta per la ria d'Arousa... Us ho passareu bé, amb la gent i amb el menjar.

Suflé

FITXA TÈCNICA

- Pa de motlle
- Pernil dolç
- Llesques de formatge
- Llet
- Sal i pebre
- Mantega

COM ES PREPARA...

Unta una plata fonda i quadrada de mantega. Si no en tens cap amb aquesta forma tant és, no t'hi amoïnis, fes-ho amb el que tinguis a casa.

Al pa de motlle, li treus les vores i aprofita'n només la part interior. Utilitza, de moment, dotze llesques de pa.

En un gerro, posa-hi llet barrejada amb pebre. Un quart de litre de llet i una cullerada de pebre blanc.

Quan ja ho tinguis preparat ves fent pisos d'una llesca de pa (si vols fer un suflé gros posa-hi quatre llesques a la base), un tall de pernil a cada llesca i una llesca de formatge; deixa que tot quedi ben sucat de llet. Afegeix-hi un altre pis de pa, pernil, formatge i una mica més de llet (sense inundar-ho). Repeteix l'operació.

Quan ja tinguis els tres pisos complets i ben sucats de llet, afegeix com si nevés formatge ratllat.

Posa-ho al forn uns vint minuts. Després gratina-ho una mica. Vigila que no se't cremi el pa.

SUPERBIQUINI

Al meu país, el sandvitx de pernil i formatge, l'anomenem biquini. La veritat és que no sé per què, ara, podria ser que el biquini té dues peces, la de dalt i la de sota, i entre les peces es troba la substància, el pernil i el formatge en el seu cas calents. Suposo que el qui va fer una reflexió com aquesta es trobava en un moment de lucidesa extrema; des d'aquí el felicito.

Doncs bé, aquest suflé és un gran biquini fornejat i nevat amb formatge gratinat... Te'n lleparàs els dits.

Postres

Mousse de xocolata

FITXA TÈCNICA

- Una rajola de xocolata amb llet
- Una rajola de xocolata negra
- Ous
- Sucre

COM ES PREPARA...

Per començar, posa set ous damunt el marbre. Separa les clares dels rovells.

Com?

Fes servir dos gots. Quan trenquis un ou per la meitat deixa caure la clara (la part transparent) al got, sense deixar que el rovell rellisqui. Fes-ho d'una manera lògica, prova-ho i ho entendràs. En un got hi poses les clares i a l'altre els rovells.

Barreja set cullerades de sucre amb els rovells. Les clares, fes-les pujar a punt de neu.

Com?

Bat les clares fins que es converteixin en una massa escumosa. No claudiquis als tres minuts perquè tinguis el canell destrossat, tu preocupa't de batre i bat fins que ho aconsegueixis. La millor eina que es pot fer servir és una mena de mànec metàl·lic que és especial per batre.

Desfés la xocolata al bany maria i barreja-la amb la resta.

Posa-ho a la nevera.

EL BANY MARIA

No té res a veure amb una cambra de bany ni amb una senyora que es digui Maria.

L'única relació d'aquesta *mousse* amb una senyora és que me la va passsar la meva nòvia Maria. Però insisteixo, no té res a veure amb ella.

El bany maria és un mètode de cocció, i consisteix a posar una cassola d'aigua a bullir i dins d'aquesta cassola posar-n'hi una altra amb la xocolata, en aquest cas, fins que es fongui.

El bany maria té d'altres utilitats, com ara escalfar el biberó d'un nadó, fer un flam, un púding, etc.

Pastís de llimona

FITXA TÈCNICA

- Dos paquets de galetes maria
- Gelatina de llimona
- Formatge fos
- Mantega
- Dues llimones
- Sucre
- Nata líquida

COM ES PREPARA...

Tritura les galetes fins que quedin fines com farina. Una manera de fer-ho és embolicar-les amb un drap i clavar-hi cops de puny i cops d'ampolla.

La galeta "feta pols", barreja-la amb la mantega fins que en quedi una massa uniforme. Necessitaràs força mantega i també et caldrà embrutar-te les mans.

Fes servir un motlle rodó dels que tenen la base que es pot treure. Si no en tens cap demana'n a algun veí. Si no, fes-ho amb un motlle normal. Com més profund millor.

Unta el motlle amb mantega i escampa la massa per la base i les parets. Tingues en compte que aquesta serà la base del pastís. Procura que no hi quedin forats i que l'alçada de la paret sigui regular.

En un bol d'amanides, barreja-hi cent cinquanta grams de sucre, un quart de litre de nata líquida, el suc de dues llimones, tot el pot de formatge i la gelatina.

Per preparar la gelatina escalfa un quart de litre d'aigua i barreja-ho amb el sobre de la gelatina. No paris de remenar fins que el líquid sigui d'un color groc transparent. Barreja aquest líquid amb els altres ingredients.

Passa-ho tot per la batedora i aboca-ho amb cura sobre la base de galeta i mantega.

Deixa-ho a la nevera unes tres o quatre hores. Fins que vegis que la massa ja no és líquida. Aleshores la tindràs a punt de menjar.

AMB UN PASTÍS I UNA MARGARIDA...

Així vaig conquistar la meva nòvia. El pastís, el vaig decorar amb gerds i al mig hi vaig posar una margarida. Si estàs solter i sense compromís, fes un d'aquests pastissos i regala'l a una noia que t'agradi. El tema flors i xerrada fent servir diàlegs de cinema ja està molt tronat.

Convida-la a menjar pebrots verds i unes postres: pastís de llimona. Sigues una mica original...

Si és el cas contrari, si es tracta d'una noia que vol conquerir un noi, jo li diria: prepara-li el pastís i no vagis de feminista que no entra a la cuina per raons d'igualtat. Als homes, se'ls conquereix per l'estómac. Malauradament és així, però... què hi farem.

Macedònia gelada

FITXA TÈCNICA

- Plàtan
- Maduixes
- Poma
- Préssec
- *Kiwi*
- Nata líquida
- Sucre

COM ES PREPARA...

Pela i talla les peces de fruita i fes-ne trossos petits.

Posa-ho tot en un bol d'amanides profund i ho barreges amb mig litre de nata líquida. Ensucra-ho al teu gust i posa-ho al congelador.

GELADA, NO CONGELADA

La macedònia s'ha d'estar al congelador el temps que necessiti per refredar-se. Si la congeles la fruita no tindrà cap gust i serà bastant desagradable de menjar.

La macedònia gelada s'ha de poder mastegar sense que et facin mal els queixals. Que es distingeixi el gust de la maduixa del del plàtan, i el préssec de la taronja.

La diferència que hi ha entre gelat i congelat, te la puc explicar perquè ho he experimentat. Si se't congela (la macedònia, és clar) deixa-la fora de la nevera mentre mengeu el primer plat i el segon.

Aquest plat et pot fer quedar molt bé amb algú que t'interessi de veritat.

Maduixes amb suc de taronja

FITXA TÈCNICA

- 1 kg de maduixots
- El suc de tres o quatre taronges
- Sucre
- Tres plàtans

COM ES PREPARA...

Talla la cua dels maduixots. Neteja'ls amb aigua freda i talla'ls a trossets. Talla'ls d'una mida que sigui raonable per què es puguin posar a la boca. Pela els plàtans i fes-ne rodanxes fines. Fes el suc de les taronges.

Quan ja ho tinguis tot, barreja-ho i afegeix-hi una mica de sucre.

Et quedarà més bo si ho deixes reposar dues o tres hores. Fins i tot d'un dia per l'altre.

AIGUA DE VALÈNCIA

Hi ha gent a qui agrada afegir una mica d'alcohol a la vida. L'aigua de València és una barreja "secreta" però molt coneguda que es compon de suc de taronja, cava, sucre i Cointreau. Segur que si algun valencià llegeix aquest paràgraf em tractarà d'animal, però com que pel que fa als gustos no hi ha res escrit, que a casa seva cadascú faci el que més li agrada. Tu tasta la barreja de l'aigua de València amb els maduixots i... ja m'ho diràs.

Macedònia de fruites

FITXA TÈCNICA

- Maduixots
- Taronja
- Plàtan
- Poma
- Pera
- *Kiwi*
- Préssec

COM ES PREPARA...

Neteja, pela i trosseja. Tot en un mateix recipient.
Deixa-ho reposar.
Veus com n'és, de fàcil?

FRUITA DEL TEMPS...

En una macedònia sempre es poden fer servir els mateixos ingredients durant tot l'any. Però és més bona si hi poses la fruita del temps.

La fruita del temps sempre acompanyada de la tropical, això sí, pensa que en tenim als mercats durant tot l'any: plàtan, kiwi...

A més d'aquestes fruites fes treballar la imaginació i vés a la fruiteria més exòtica que trobis, hi podràs comprar mango, papaia, aranja, magrana, coco...

Mousse de llimona

FITXA TÈCNICA

- Un pot de llet IDEAL
- Un got de suc de llimona
- Dotze cullerades de sucre

COM ES PREPARA...

Fent servir el mateix pot de la llet, mesura la quantitat de suc de llimona; d'altra banda, el suc de llimona, l'aconseguiràs... esprement llimones.

Barreja tots els ingredients amb una batedora en un bol profund i posa-ho al congelador. Mitja hora abans de menjar-te'l el treus de la nevera.

MASSA DOLÇ...

Si és massa dolç pel teu gust, el que has de fer és posar-hi menys sucre.

La cuina és bonica perquè permet anar descobrint receptes noves i barreges també noves. Si et queda massa dolç, el més lògic és que hi posis menys sucre, i no que hi posis sal, com va fer un del meu pis. Ja et pots imaginar el fàstic de *mousse* que ens va fer.

Pa de pessic de llimona

FITXA TÈCNICA

- Un iogurt de llimona
- Oli
- Sucre
- Farina
- Tres ous
- Un sobre de llevat
- Pell de llimona ratllada

COM ES PREPARA...

La mesura que has de fer servir és la del iogurt. Barreja tots els ingredients en un bol profund i gran. En primer lloc el iogurt de llimona. Neteges l'envàs del iogurt i hi vas afegint dos iogurts de sucre, tres de farina, un d'oli d'oliva, un sobre de llevat, els tres ous i en darrer lloc la pell de llimona ratllada.

Barreja-ho tot manualment. Al final, i només per ajudar, si veus que t'hi queden grumolls, barreja amb la batedora.

Unta un motlle profund amb mantega, posa-hi la massa i després posa el motlle al forn.

El forn ha d'estar a 180 graus durant trenta-cinc minuts.

Per comprovar si està fet per dins, punxa el pa de pessic amb un ganivet. Si el ganivet surt net és que ja està fet i preparat per menjar.

FA MOLTS ANYS...

Potser tenia set anys quan vaig aprendre aquesta recepta. Me la va ensenyar la meva àvia, la mare de la meva mare, una cuinera excel·lent. A més, amb un d'aquests pastissos vaig guanyar un premi de pastisseria a l'escola. Era quan feia el cinquè curs o el sisè de l'EGB.

Fa poc, quan ja estava escrivint aquest llibre, una amiga em va fer recordar aquest pa de pessic. Ella en deia d'una altra manera. Jo l'he anomenat pa de pessic de llimona. Aquesta noia, com que és molt senzill de fer, l'anomena "pa de pessic estudiant total".

Una tarda que no tinguis res a fer anima't i prepara'n un. Després convida algú a qui vulguis sorprendre...